AF226842

DE LA
Démocratie Républicaine

PAR

M. Louis JOUSSERANDOT

PROFESSEUR DE DROIT A L'UNIVERSITÉ DE GENÈVE

(EXTRAIT DE LA **Revue de la Réforme Judiciaire**)

PRIX : 1 FRANC

PARIS

CHEVALIER-MARESCQ, Éditeur

20, RUE SOUFFLOT

1886

DE LA
Démocratie Républicaine

PAR

M. Louis JOUSSERANDOT

PROFESSEUR DE DROIT A L'UNIVERSITÉ DE GENÈVE

(Extrait de la **Revue de la Réforme Judiciaire**)

PRIX : 1 FRANC

PARIS

CHEVALIER-MARESCQ, Éditeur

20, RUE SOUFFLOT

1888

ERRATA

Page 33, troisième ligne, deuxième alinéa, au lieu de *intérêt*, lire *instinct*.

Page 50, dernière ligne, au lieu de *voie*, lire de *vie*.

Page 61, onzième ligne, au lieu de l'*Arménie* lire de l'*Arimanie*.

DE LA

DÉMOCRATIE RÉPUBLICAINE

Lorsqu'en 1875, l'Assemblée nationale s'est décidée à faire de la République le régime normal de la France, elle n'a pas étudié son organisation; elle a pris les choses dans l'état où elles étaient, se bornant à régler quelques détails.

Doit-on l'en blâmer? Je ne le pense pas.

Il fallait en finir avec l'incertitude dans laquelle on vivait depuis cinq ans; et il était utile aussi d'expérimenter des institutions, nées dans des jours de tourmente populaire et qui n'avaient encore fonctionné librement qu'à des époques troublées, ou ayant survécu à la monarchie et qui allaient subir l'épreuve de la République.

Aujourd'hui, nous sommes à même d'apprécier

le régime sous lequel nous vivons. Il y a là des questions de droit de premier ordre.

Je ferai la critique de nos institutions politiques.

Je passerai en revue les remèdes adoptés ou proposés pour guérir les maux dont nous souffrons.

J'indiquerai enfin la voie à suivre pour arriver à la solution du problème.

Le régime républicain, que la France a adopté après le 4 septembre 1870, et qui a été depuis sanctionné par la loi constitutionnelle du 25 février 1875, est fondé sur les trois principes suivants :

Suffrage universel;
Centralisation politique et administrative;
Système parlementaire.

Quelle est la valeur de ces trois principes et celle de leur combinaison ?

SUFFRAGE UNIVERSEL

Le suffrage universel est un des principes fondamentaux de la Démocratie, parce qu'il est, en droit public, l'expression de l'égalité des citoyens devant la loi; et l'avènement de la Démocratie interdit absolument d'y porter atteinte.

On peut appliquer ce principe de deux manières : ou par son exercice direct, ou par représentation.

La Démocratie directe, c'est la *Landsgemeinde*, telle qu'elle est encore en usage dans quelques cantons suisses, où l'on voit, le jour où elle s'assemble, tous les citoyens réunis dans une prairie, discuter sous le grand ciel leurs intérêts politiques et administratifs, nommer leurs magistrats, décréter les impôts qu'ils devront payer..... C'est par excellence le mode primitif, au moyen duquel la nation manifeste sa volonté, et par lequel aussi chaque citoyen exerce son droit de souveraineté. Ce sont les anciens champs de mai des bandes germaniques, après qu'elles se furent établies sur le sol de la Gaule. Rien de plus naturel et rien de plus légitime. Il en était ainsi dans les cités antiques et dans les communes du moyen âge et aux premiers jours de leur indépendance. Quelques petits cantons suisses offrent, en Europe, les derniers spécimens de cette démocratie directe. Vivant sur un territoire de peu d'étendue, tous ceux qui l'habitent se connaissent, ils ont les mêmes intérêts, ils savent quelles sont les mesures à prendre dans l'intérêt général, et quels sont parmi eux ceux qu'ils peuvent en toute confiance charger de la conduite de leurs affaires.

A la rigueur on comprendrait la restauration d'un tel système dans nos petites communes, pour tout ce qui concerne les intérêts municipaux, s'il était possible de donner à quelques municipalités un régime auquel les autres ne seraient pas soumises ; or l'exception, qui met Paris et Lyon hors la loi commune, n'est pas un exemple à suivre. Cette situation exceptionnelle ne saurait durer ; et c'est une faute de ne pas la faire cesser, quand il serait si facile de replacer ces grandes cités sous l'empire du droit commun.

Mais, si la *Landsgemeinde* est d'une application possible pour des communes ou cantons peu peuplés et dont le territoire est restreint, il n'est plus permis d'en parler lorsqu'il s'agit de grandes villes comme Paris, Lyon, Marseille, à plus forte raison d'un grand pays comme la France. Là les intérêts ne peuvent plus être discutés par les citoyens réunis en une seule assemblée ; le droit de souveraineté ne peut plus être exercé directement; la représentation devient nécessaire.

La représentation est une institution moderne. Les anciens ne l'ont pas connue. Lorsqu'en 212 Caracalla eut conféré le titre de citoyen romain, et par suite la *jouissance* du droit de suffrage à tous les sujets de l'empereur, l'*exercice* de ce droit ne fut pas changé. Il dut se faire à Rome, où tout citoyen devait se rendre, s'il voulait user de cette apparence de droit. L'exercice de la souveraineté est illusoire, quand il est soumis à de telles conditions; mais peu importait à Caracalla qui n'avait en vue qu'un but fiscal.

Les sociétés modernes ont dû admettre et ont admis la représentation. D'abord soumis à des conditions de cens, l'exercice du droit de suffrage a été, en 1848, donné à tout citoyen ayant la capacité civile, c'est-à-dire majeur de 21 ans; et c'est le régime sous lequel nous vivons aujourd'hui.

Or le suffrage universel, ainsi compris et ainsi appliqué, n'est autre chose que la Démocratie à l'état sauvage. Si le suffrage universel est, ainsi que je le dis plus haut, un des principes fondamentaux d'une République démocratique, on l'a faussé dans l'application qu'on en a faite : d'une part en méconnaissant un autre principe de toute législation, la distinction entre la jouissance d'un droit et son exercice; d'autre part en confondant la majorité civile avec la majorité politique, bien que ces deux majorités n'aient rien de commun.

La distinction entre la *jouissance* d'un droit et l'*exercice* de ce droit est élémentaire en législation. Elle découle de la nature même des choses. C'est elle qui a servi de base à toutes ces dispositions, en vertu desquelles le mineur, la femme mariée, l'interdit n'ont pas l'*exercice* des droits civils, dont ils ont cependant la *jouissance*. Le législateur l'a décidé ainsi, principalement dans l'intérêt de ces personnes qu'il a déclarées incapables ; et c'est sur cette notion que sont fondées la minorité et par suite la majorité civile ordinaire.

Je dis : majorité civile ordinaire, parce que le droit civil, comme aussi du reste le droit public, a créé un grand nombre de majorités, ce que semblent avoir méconnu ou oublié les organisateurs du suffrage universel, tel que nous le pratiquons. Bien plus, par suite d'une autre confusion, tout aussi regrettable, ils n'ont été préoccupés que d'un seul des intérêts en présence : celui de l'individu gratifié de l'exercice d'un droit, méconnaissant ainsi l'intérêt social qui doit dominer, quand il s'agit d'une institution de droit public.

En effet, même en droit civil, les majorités ne sont pas toutes établies dans l'intérêt exclusif de celui qui est déclaré majeur.

Si l'art. 904 C. C. permet au mineur, âgé de 16 ans, de disposer par testament, seulement d'une partie de ses biens, c'est autant dans l'intérêt de la famille que dans celui du testateur.

La majorité, fixée à 15 et à 18 ans, pour la validité d'un mariage a été établie tout à la fois dans l'intérêt des époux, dans celui des enfants à naître de leur union et aussi dans l'intérêt de la famille.

En droit public et en droit pénal les majorités procèdent plutôt de l'intérêt des tiers ou de l'intérêt de la société que de celui du déclaré majeur.

Nul ne peut être juge de paix, s'il n'est âgé de 30 ans (Const. de l'an III. art. 209).

Pour être juge dans un tribunal de première instance, il faut avoir atteint l'âge de 25 ans, et celui de 27 ans pour être président (L. du 20 avril 1810, art. 64).

Ces majorités ont été créées dans l'intérêt des justiciables.

Il faut être majeur de 25 ans pour être député (Loi du 30 nov. 1875, art. 6); et majeur de 40 ans pour entrer au Sénat (L. du 24 février 1875, art. 3). On a sans doute voulu voir dans ces restrictions une garantie de maturité d'esprit, jugée nécessaire à ceux qui sont chargés de la confection des lois. Puisqu'on n'exigeait pas la maturité de l'esprit chez l'électeur, il était tout naturel qu'on la demandât à l'élu.

Le juré au criminel doit être âgé de 30 ans. C'est une garantie donnée à l'accusé d'abord et ensuite à la société.

C'est dans l'intérêt exclusif du coupable âgé de moins de 16 ans, que la loi décide qu'il ne sera pas puni, si le juge déclare qu'il a agi sans discernement.

Il faut avoir 30 ans pour être professeur dans une école préparatoire de médecine et de pharmacie (Ordonnance du 13 oct. 1840, art. 2). Ici on ne se rend pas bien compte du motif qui a dicté une telle règle. C'est à peine si Bichat aurait pu être appelé à enseigner dans une de ces écoles !

. . . .

On voit par ces exemples que la législation nous a doté d'un grand nombre de majorités qui procèdent toutes de l'idée des garanties, soit en faveur des déclarés majeurs ou de leurs familles, soit dans l'intérêt des tiers, soit dans celui de la société. Mais cela témoigne aussi de la préoccupation du législateur qui, comprenant qu'il ne peut rien y avoir là d'absolu, qu'au contraire tout est relatif, cherche à mettre d'accord les faits, les besoins, les intérêts, avec les nécessités de garanties auxquelles il croit devoir donner satisfaction.

Or, conçoit-on toute absence de préoccupation de cette nature en ce qui concerne l'exercice de la souveraineté ? On adopte ici purement et simplement la majorité civile, sans paraître même s'être demandé si la majorité civile et la majorité politique sont de même nature; elles sont si appelées à garantir les mêmes intérêts; si les motifs qui ont fait admettre l'une, peuvent être invoqués en faveur de l'autre?

Pourquoi a-t-on donné l'exercice de la souveraineté à tout citoyen âgé de 21 ans révolus? Serait-ce parce que celui qui a la capacité civile doit avoir aussi la capacité politique? Mais il n'y a aucun rapport entre les deux capacités. La capacité civile ne s'exerce que dans le domaine fort étroit des intérêts de l'individu. Il s'agit simplement de pouvoir aliéner, acquérir, contracter, tester... tous actes ne concernant que lui. Il n'y a là que son intérêt en jeu; et même, pour peu qu'à côté de son intérêt propre se dresse un autre intérêt attaché à ses actes, sa capacité n'est plus entière : son droit de disposer à titre gratuit sera limité par la présence d'héritiers à réserve; ou bien, s'il veut se marier, la loi le déclarera toujours mineur, tant qu'il lui restera un ascendant.

Faut-il répondre à cet argument qui consiste à prétendre que celui qui paye des impôts a un droit de contrôle sur les actes du gouvernement, et par suite l'exercice du droit de suffrage politique? Ce n'est pas sérieux. Les mineurs payent des impôts, et non seulement on n'a jamais songé à leur donner la capacité politique, ils n'ont pas même l'exercice des droits civils.

Mais on invoque ce qu'on nomme l'impôt du sang et on dit que celui qui est soumis à la loi militaire a droit à l'exercice de la souveraineté. Or, aux termes de la loi organique sur l'élection des députés du 30 nov. 1875, art. 2, *les militaires et assimilés de tous grades et de toutes armes des armées de terre et de mer ne prennent part à aucun vote quand ils sont présents à leurs corps, à leur poste ou dans l'exercice de leurs fonctions.* Et je ne sache pas qu'on ait jamais protesté contre cette disposition qui frappe d'incapacité politique toute une catégorie de citoyens, et un grand nombre d'entre eux pendant toute leur carrière. Que devient dès lors l'argument qui consiste à prendre l'obligation du service militaire comme la source d'un droit politique? Bien plus, n'y a-t-il pas une flagrante injustice à priver de l'exercice d'un droit ceux qui sont sous les drapeaux, pendant qu'on le conserve à leurs contemporains restés dans la vie civile? Il a fallu des raisons d'un ordre supérieur pour consacrer législativement une telle inégalité.

Cela prouve que, dans la conception de la majorité politique comme dans la conception de la majorité civile, il n'y a rien d'absolu. Cela prouve encore qu'on a négligé ici un facteur des plus importants.

En 1848, ce fut une question électorale qui causa la chute de la Monarchie. Les réformateurs demandaient qu'il fut ajouté à deux cent mille électeurs censitaires certaines catégories de personnes offrant des garanties de capacité. Il s'agissait donc de la revendication d'un droit pour ces personnes. C'était la seule face du problème alors envisagé. La question de savoir si la France avait intérêt à ce que le nombre des électeurs fut augmenté et dans quelles conditions il devait l'être, cette question n'apparaissait qu'au second rang; elle avait été à peine effleurée. Mais une révolution conduit toujours fatalement aux résolutions extrêmes. Après le 24 février, l'adjonction des capacités, qui n'était du reste qu'une solution empirique, fut emportée dans la tourmente, et on proclama le suffrage universel, en accordant le droit de vote à tout citoyen majeur de 21 ans, c'est-à-dire que l'intérêt social s'effaça devant la revendication d'un droit individuel.

Sans doute l'individu est intéressé à avoir de bonnes lois, des impôts bien établis et bien répartis, une justice rendue dans les meilleures conditions... et cela peut dépendre du choix qu'il fera.

Mais de ce choix, autrement dit de la détermination qu'il aura prise, peut dépendre aussi le sort de la société dont il est membre. La loi remet entre ses mains le repos, la sécurité, l'honneur, l'avenir de la nation à laquelle il appartient.

Et, même, à côté de l'intérêt social, n'y en a-t-il donc pas un autre qui demande aussi des garanties : l'intérêt politique de chacun ? Est-ce que je n'ai pas le droit d'exiger de mon concitoyen des conditions de jugement, de maturité d'esprit, d'expérience, qui me garantissent qu'il ne compromettra pas par son vote l'intérêt que j'ai à la conservation et au progrès de l'ordre social ? On semble faire litière de tout cela. Comment ! Parce qu'un jeune homme de 21 ans est présumé capable d'acheter une maison, de vendre une ferme, de consentir une hypothèque, de faire le commerce, toutes choses qui ne concernent que lui, on présume aussi qu'il est capable de désigner ceux qui devront présider aux destinées de la nation, faire les lois auxquelle tout le monde devra obéir ? S'il se trompe dans ses actes privés, la responsabilité en retombe sur lui, il subit lui-même les conséquences de son erreur. Mais s'il se trompe dans les actes politiques auxquels il prend part, la responsabilité retombera sur ses concitoyens ; il n'en supportera, lui, que la dix millionnième partie. Quelle hérésie que celle qui consiste à confondre deux domaines si différents !

Mais les actes privés eux-mêmes sont-ils donc soumis aux mêmes régimes ? Je viens de parler du commerce. Si la législation commerciale est plus sévère que la législation purement civile, c'est parce que le commerce repose surtout sur le crédit, sur la bonne foi, et qu'il a fallu donner aux actes du commerçant une sanction qui garantisse mieux les intérêts de ceux qui traitent avec lui. Et pourtant ce ne sont que des actes privés. Et l'on n'a pas songé, à défaut d'une sanction qu'il serait impossible d'établir dans l'ordre politique ainsi conçu, à imposer des conditions à l'exercice du droit de souveraineté !

Ce n'est pas ainsi qu'ont procédé les grands hommes qui, après la révolution de 1789, ont assumé la tâche de réorganiser la France. S'ils ne se sont pas posé la question de savoir si la majorité politique devait être la même que la majorité civile, et si le principe de l'égalité des citoyens devant la loi les entraîna à généraliser le droit de suffrage, du moins ont-ils pris soin de le réglementer en se fondant sur deux idées : que l'électeur doit connaître celui à qui il va donner son suffrage, et que la direction des affaires publiques doit appartenir autant que possible, sinon aux plus capables, du moins à ceux en qui l'expérience a mûri le jugement.

Les assemblées primaires satisfont dans une large mesure à ces deux conditions.

Les habitants d'une commune (1) se connaissent, ils savent quels sont parmi eux les plus instruits, les plus dignes de représenter leurs concitoyens, les plus capables d'apprécier le mérite des candidats au mandat de député. Ici le charlatanisme a peu de prise. Les habitants d'une commune, surtout s'il s'agit d'une commune rurale, nommeront électeurs ceux qu'ils ont l'habitude de consulter, de respecter, à qui leur âge, leur expérience donnent la plus légitime des influences. Ici pas de surprises.

Quant aux électeurs ainsi élus, ils sont responsables vis-à-vis de leurs mandants. Ce n'est, dira-t-on, qu'une responsabilité morale. Soit! Les responsabilités morales ne sont-elles donc rien, quand on peut être exposé chaque jour, à chaque instant, aux reproches de ceux qui ont eu confiance en nous? Ah! ces électeurs ne choisiront pas des hommes incapables ou indignes, ils ne confieront pas

---

(1) J'entends par commune, non pas Paris de 1885, ce qui est absurde, mais par exemple Paris qui en 1356 avait Étienne Marcel pour prévôt des marchands; c'est-à-dire une ville ou un village, dont l'idéal serait de *n'être point assez étendu pour que tous ses habitants n'aient pas à peu près les mêmes intérêts, et d'un autre côté d'être assez peuplé pour qu'on soit toujours sûr de trouver dans son sein les éléments d'une bonne administration.* (Tocqueville, *De la Démocratie en Amérique,* t. I, p. 95.)

la redoutable mission de faire des lois à des hypocrites couvrant leur nullité ou leur basse ambition du manteau du patriotisme, comme d'autres couvrent leur improbité du manteau de la religion.

Voilà ce que se sont dit les organisateurs des assemblées primaires, et le résultat leur a donné raison. Du reste on n'a qu'à comparer aujourd'hui le Sénat avec la Chambre des députés.

Nous sommes en vérité témoins d'un spectacle bien singulier.

A l'aurore de la vie sociale, chez les peuples destinés à marcher dans la voie de la civilisation, l'influence appartient aux anciens *(seniores)*, aux vieillards. Ils forment le conseil dont les décisions sont respectueusement exécutées. Les jeunes sont les bras du corps social dont le conseil des anciens est la tête

Chez les sauvages, qui ont la force pour unique principe, quand un homme affaibli par l'âge ne peut plus bander un arc ou manier une massue, il n'est plus bon à rien ; on le tue.

Or, dans l'organisation actuelle du suffrage universel, on a fait complètement abstraction de l'élément qui se nomme : expérience. On ne tue pas ceux à qui l'âge a fait perdre la force physique, on daigne même leur laisser le droit de voter ; mais comme ils sont une infime minorité, ils ne comptent plus. L'expérience est devenue une quantité négligeable ; le nombre, c'est-à-dire la force, est tout. En présence d'un tel résultat, n'ai-je pas le droit de dire que le suffrage universel, tel que nous le pratiquons, est la Démocratie à l'état sauvage ?

N'en est-il pas ainsi encore à un autre point de vue ?

On a établi l'exercice direct du droit de suffrage, ce qui est infailliblement la cause de nombreuses erreurs, par suite de l'impossibilité où se trouve l'électeur de connaître les candidats autrement que par ce qu'il en entend dire par des journaux ou par des gens trop souvent intéressés à le tromper. On a fait pis : on n'a pas même exigé de l'électeur qu'il écrivit son bulletin ; comment donc ! on ne lui demande même pas de savoir lire afin de pouvoir contrôler la véracité du bulletin imprimé qu'on. lui remet; si bien qu'il vote en aveugle. N'est-ce pas de la sauvagerie ? (1)

Où sont les garanties que la société est en droit d'exiger? Où sont celles qui permettent aux concitoyens de l'électeur de présumer l'intelligence, la sincérité du vote? Cet homme a 21 ans; il a la force de manier une arme; cela suffit. La force est le principe. La réflexion, l'expérience, l'habitude des affaires, la maturité de l'esprit, la sagesse enfin ne sauraient prévaloir contre ce fait brutal qui prend les proportions d'un dogme. N'est-ce pas de la sauvagerie? Le loup est devenu le modèle des hommes d'État.

Aussi qu'une élection se prépare et on voit tomber du ciel dans la ville, centre de l'agitation électorale, un personnage inconnu, armé d'une plume, comme le sauvage est armé d'une massue et qui, dans un journal local ou fondé pour la circonstance, s'escrime à attaquer, à diffamer, à traîner aux gémonies l'adversaire de. celui aux gages duquel il s'est mis. N'est-ce pas de la sauvagerie? Le candidat, ainsi traité, traduira-t-il devant les tribunaux l'auteur des articles ? qu'importe à celui-ci ! Après la lutte, il disparaîtra dans le tourbillon de ces condottieri de la presse, qui se mettent au service de qui les paye ; et d'ailleurs celui qui le soudoye lui donnera au besoin de quoi solder l'amende et les dommages-intérêts auquel il serait condamné.

---

(1) Il faut, sous ce rapport, rendre justice à Ledru-Rollin. Pour les premières élections qui se sont faites après la révolution de 1848, l'électeur était obligé d'écrire ou était au moins présumé écrire son bulletin. Des tables l'attendaient dans les lieux de vote, et sur ces tables se dressaient de grands cartons derrière lesquels il écrivait ou pouvait écrire, sans que personne vit les mouvements de sa main.

S'agit-il d'éclairer les électeurs, de mettre ces citoyens majeurs de 21 ans au courant de questions souvent fort complexes, fort délicates, qui s'agitent alors, questions de finances, de traités de commerce, de relations extérieures... auxquels des jeunes gens sont d'ordinaire fort étrangers? Pas le moins du monde. Le but est de les décider à voter pour tel candidat, et ce candidat expédie partout des agents chargés de vanter ses mérites, de raccoler les électeurs, et en tout cas de leur faire accepter des bulletins imprimés dont ils ont les poches pleines. Pour cela tous les moyens sont bons : ils font les plus brillantes promesses ou ils menacent les hésitants; ils glissent discrètement quelques pièces d'argent dans la main de celui qu'ils jugent devoir être sensible à cet argument; mais surtout ils font faire à l'électeur force stations au cabaret.

Il y a quelque vingt ans, Perpignan fut un modèle du genre. Dans une ancienne écurie fort vaste où un ratelier était resté suspendu au mur, de longues tables abondamment servies attendaient les électeurs. Allons *al Rasteil* (allons au ratelier !) disaient ceux qui travaillaient pour le candidat, dont la bourse richement garnie payait ces plantureuses agapes.

Le privilège est la négation de la démocratie. Or ce système conduit à cette conséquence que pour être député il faut être riche; car l'élection faite dans la circonscription la moins peuplée coûte plusieurs milliers de francs; si l'élu ne peut pas les prendre dans sa propre bourse, il devra les prélever sur l'indemnité qu'il reçoit, ce qui est la violation du principe en vertu duquel la loi la lui accorde. Et s'il échoue? Un homme de mérite sans fortune reculera devant les conséquences financières de la lutte.

Je viens de parler de garanties morales; mais les garanties matérielles existent-elles toujours? N'a-t-on pas vu des maires habiles avoir des urnes à double fond, dans lesquelles le candidat agréable était certain de trouver une majorité écrasante. Dans d'autres pays, où le suffrage universel direct et sans conditions est aussi en honneur, il est rare qu'une élection ait lieu sans que des accusations de fraude retentissent. Ce qui paraît être surtout pratiqué avec succès, c'est l'*arrosage*. En France, l'urne est placée sur une table à laquelle sont assis les membres du bureau. L'électeur n'y dépose pas lui-même son bulletin : il le remet au président qui l'y laisse tomber sans le déplier, après s'être assuré que le nom du votant a été rayé sur le registre électoral. Dans les pays dont je parle, l'urne s'élève au milieu de la salle, et il est arrivé maintes fois, dit-on, qu'un électeur, pour assurer le triomphe de son parti, y a jeté un paquet de bulletins. On a donné à cette opération le nom d'*arrosage*.

Ces procédés ne sont possibles que lorsque les électeurs sont très nombreux. Il est alors souvent difficile de constater la fraude, parce qu'il est à peu près impossible de savoir quel a été le nombre exact de ceux qui ont réellement pris part au vote. Lorsqu'au contraire les électeurs sont en petit nombre, alors même que l'exercice du droit ne serait pas soumis à la sanction dont je vais parler, ils se surveillent mutuellement par cela même qu'ils ont dû s'entendre, ils se comptent, et ce serait folie de chercher à augmenter d'une façon factice le nombre de ceux qui auraient réellement voté. La fraude serait par trop grossière.

La foule a le privilège d'attirer les charlatans. C'est dans les foires qu'ils vont étaler leur luxe de musiciens et dépenser toutes les ressources de leur éloquence. Ils se garderaient de s'adresser à une petite réunion de personnes. Ils savent fort bien qu'un petit cercle d'individus sera plus difficilement impressionné et conservera dès lors la faculté de réfléchir; tandis que dans une foule il y a, à certains moments, comme une sorte de courant magnétique qui l'emporte inconsciemment et fait pleuvoir l'argent dans la caisse du dentiste en plein vent ou tomber dans l'urne électorale les bulletins portant le nom du tribun. Des hommes qui, pris individuellement, se laisseraient difficilement tromper, obéissent quand ils se trouvent dans les rangs pressés d'une foule, à un sentiment indéfinissable de solidarité, qui fait d'eux les dupes les plus naïves. Lorsque, se retrouvant seuls, face à face avec eux-mêmes, ils réfléchissent, s'aperçoivent que l'élixir, qu'on leur a tant vanté, n'est que de l'eau claire additionnée d'un peu d'alcool coloré, ils déplorent leur propre faiblesse, ils maudissent celui qui les a trompés ; mais ils sont pris dans l'engrenage ; par respect humain ils ne peuvent pas renier ce qu'ils ont fait ; et si la foule se met de nouveau en mouvement, ils la suivront encore, au risque de commettre les mêmes fautes et de s'adresser à eux-mêmes les mêmes reproches.

Un corps électoral de 8, 10, 15, 30, 60 mille électeurs, est une foule capable de tous les emportements, de toutes les faiblesses et exposé à tous les genres de fraude.

Mais ce qui est bien fait pour confondre la raison, c'est l'absence complète de sanction. Pourvu qu'un certain nombre d'électeurs inscrits aient pris part au vote, l'élection est valable.

On se demande, en vérité, si on rêve quand on lit une semblable disposition dans la loi.

Eh quoi ! Vous êtes investi de la souveraineté. Les destinées de votre pays dépendent des choix qui seront faits. Et vous aurez la faculté de vous abstenir ? Qu'on ne nous oblige pas, comme à Athènes, à prendre ouvertement parti pour l'une des factions qui se disputent le pouvoir, rien de mieux ; car heureusement nous comprenons la liberté autrement que les anciens habitants de l'Attique. Mais qu'il nous soit légalement permis de ne pas remplir notre devoir ! C'est incompréhensible !

N'y a-t-il donc là que la notion d'un droit? N'y a-t-il pas aussi la notion d'un devoir corrélatif à ce droit. Je l'ai dit plus haut. Lorsqu'en 1848 on a décrété le suffrage universel, une des faces de ce grave problème a échappé à ceux qui l'ont organisé. La révolution s'était faite contre le privilège des censitaires, et on n'avait vu dans la réforme poursuivie qu'un droit à conférer à un plus grand nombre de personnes. On ne vit encore dans la révolution que le triomphe d'un droit; l'idée d'un devoir, auquel ce droit donnait naissance, ne fut pas même entrevue, ou, si quelque voix signala cette lacune dans la loi et son danger, on ne l'entendit pas. Dans de pareils moments les conseils de la sagesse se perdent sans écho au milieu des cris de triomphe.

Or, si vous avez un droit en vertu du principe qui vous attribue une part de souveraineté, n'avez-vous pas aussi la charge d'exercer ce droit? Il ne s'agit pas ici d'un intérêt privé pour lequel vous avez toute liberté de faire ou de ne pas faire, mais d'un intérêt d'ordre public d'où naissent deux obligations : l'une, pour vous, de donner votre suffrage; l'autre, pour la société, d'exiger que vous le donniez. Pourquoi donc ne pourriez-vous pas aussi bien vous abstenir du service militaire, du payement des impôts?..... Est-ce parce que la loi militaire et la loi fiscale ne vous le permettent pas? Alors tenez pour certain que votre loi électorale est mauvaise.

Et quelles sont les conséquences pratiques d'un tel système? La Chambre des députés doit représenter le peuple. Pour cela on a décidé que chacun de ses membres serait élu, lorsqu'il aurait obtenu la majorité des voix des citoyens habitant la circonscription ou le département, dans lequel a eu lieu son élection ; et on permet à la moitié, aux trois quarts des électeurs de s'abstenir? Le député peut donc être envoyé au Parlement par une infime minorité? Et cela est arrivé. Dans ce cas le député peut-il être considéré comme le représentant du corps électoral qui est censé l'avoir élu? Ce député est un mensonge vivant, et la

Chambre est viciée dans son essence. Conçoit-on un système qui donne à un pays une représentation, qui ne le réprésente pas ou peut ne pas le représenter !

On a si bien compris qu'il y a là un devoir, qu'on a frappé d'une amende l'électeur sénatorial qui, sans motif, ne remplit pas son mandat. Mais, dit-on, il serait impossible d'appliquer une mesure semblable aux élections de la Chambre, parce qu'elle serait inexécutable. Comment en effet condamner à des amendes plusieurs millions de personnes ? C'est la foule, la foule contre laquelle on se heurte à chaque pas dans l'étude de ce singulier système ; on ne traduit pas la foule devant les tribunaux. Soit ! Mais cela ne prouve qu'une chose : c'est, je le répète, que le système est détestable.

Concluons donc de tout ceci que le suffrage universel tel que nous le pratiquons est la Démocratie à l'état sauvage, en ce sens que par lui la force numérique prime le droit, qu'il manque dès lors des garanties essentielles à toute institution régulière, qu'il vous fait vivre au jour le jour, sans certitude du lendemain ; en ce sens qu'il ouvre libre carrière à l'audace, à l'ignorance présomptueuse et que par suite il élira la médiocrité violente ou rusée, en laissant dans l'ombre le mérite modeste ; en ce sens enfin, que ne pouvant se donner aucun frein contre les emportements inévitables, auxquels les foules sont inconsciemment en proie à certains moments, il donne à l'histoire ce lamentable spectacle d'un peuple passant brusquement, dans une courte période de vingt-cinq ans, de la République au Césarisme, et du Césarisme à la République, au milieu des plus effroyables catastrophes.

Voyons maintenant si le système parlementaire, auquel il est uni, est de nature à modifier, dans l'application, ses désastreux effets.

SYSTÈME PARLEMENTAIRE

Le système parlementaire est une importation anglaise. Il consiste dans la dépendance du gouvernement vis-à-vis de la Chambre des députés. Un vote hostile de la Chambre oblige le ministère à se retirer, et on admet qu'il n'est pas ébranlé par un vote du Sénat. De plus les ministres et les sous-secrétaires d'État peuvent être députés ou sénateurs, aller dans les Chambres prendre part aux discussions, y soutenir ou y combattre les projets de loi et même voter dans celle à laquelle ils appartiennent. C'est à ces termes simples que se réduit ce système.

Le système parlementaire est en Angleterre le résultat de la lutte séculaire soutenue contre la royauté par l'aristocratie s'appuyant sur les communes. En France la lutte a eu lieu entre l'aristocratie et le roi soutenu par les communes, dans le principe. La formation de ces deux nationalités a donc procédé de faits d'un caractère essentiellement différent. Aussi la France est devenue une monarchie, le roi ayant conquis un pouvoir absolu sur l'Aristocratie domptée et le Tiers-État trompé; tandis que l'Angleterre est devenue, à vrai dire, une oligarchie, le roi n'ayant jamais eu qu'un pouvoir limité.

Dès lors, si l'on admet que, dans l'organisation d'un pays, il faille toujours tenir compte de ses traditions historiques, les institutions de l'Angleterre ne sauraient convenir à la France.

J'en demande pardon à la mémoire de M. Thiers : entre sa théorie résumée dans cette parole célèbre : *Le roi règne et ne gouverne pas* et celle de Sieyès : *Qu'est-ce que le Tiers-État? Rien, Que doit-il être? Tout* (1), le choix ne peut pas être douteux.

---

(1) Cette pensée de Sieyès doit être aujourd'hui formulée d'une façon plus large. J'y reviendrai.

Les Anglais ont pratiqué avec succès le système parlementaire, parce qu'ils n'ont jamais été troublés dans l'application qu'ils en ont faite, et que les traditions ont sur leur esprit la plus grande et la plus salutaire influence. Leurs institutions, en effet, ne se sont jamais heurtées à de grands évènements intérieurs. Le seul fait considérable qui ait remué l'Angleterre a été la Révolution du xvie siècle. Mais cette révolution n'est guère sortie du domaine de la conscience. En réalité elle n'a pas touché aux institutions, à la situation des classes de la population, aux rapports qu'elles avaient entre elles; elle n'a rien eu de social; et son essai de changement politique, avec le protectorat de Cromwel, n'a été qu'une tentative éphémère.

Cette situation particulière a eu ce résultat que le nombre et le caractère des partis politiques n'a pas varié, et que l'Angleterre restera ce qu'elle est, tant qu'elle n'en verra pas naître de nouveaux.

A vrai dire, ce qui différencie les Wigs des Tories, c'est plutôt une affaire de tempéramment qu'une question de principes.

N'avons-nous pas vu récemment M. Gladstone attaquer avec une extrême violence lord Beaconsfield, mais sans vouloir le renverser et encore moins le remplacer, car, lorsqu'il lui a fallu prendre le pouvoir, il n'a pas même cherché à dissimuler sa répugnance. Depuis, les Tories n'ont cessé de l'attaquer à leur tour, mais uniquement pour l'honneur du drapeau, car ils avouaient qu'ils n'étaient pas prêts à lui succéder. Toutefois ils ont dû à leur tour s'exécuter, mais après quelles hésitations! Il en a été toujours ainsi. C'est à se demander si Wigs et Tories ne se mettent pas d'accord, lorsqu'après de brillants tournois oratoires, quand un parti est momentanément usé, ils jugent que le moment est venu pour l'autre d'arriver à son tour.

On conçoit que dans ces conditions le système parlementaire apparaisse comme une institution régulière, satisfaisant aux exigences des sociétés modernes. Les Anglais en ont la pratique et ils mettent une sorte de coquetterie à le prendre au sérieux. Ils affectent par exemple de tenir pour constant qu'un discours prononcé par la reine, mais rédigé par ses ministres, est l'opinion personnelle de Sa Majesté ; que, dans un changement de ministère, c'est le choix personnel de la reine qui a remis le pouvoir aux mains de tels personnages. Ce n'est pas un mensonge. Ce gros et vilain mot est rayé du langage parlementaire. C'est une fiction. Le caractère anglais s'y prête très volontiers ; la fiction lui sourit. Et cela n'a rien de contradictoire avec son sens pratique, pour tout ce qui touche au domaine des affaires ou aux relations extérieures. C'est un contraste comme on en rencontre si souvent dans les œuvres de la nature. Et voilà pourquoi jusqu'ici le système parlementaire a prospéré au delà de la Manche.

Il est bon d'ajouter que l'application en est faite avec une logique qui montre bien l'autre face de l'esprit anglais. Quand un ministère se retire, tous les fonctionnaires politiques subissent son sort. La tâche du cabinet, que la reine daigne honorer de sa confiance, est donc singulièrement facilitée. Les fonctions publiques sont d'ailleurs beaucoup moins nombreuses qu'en France et dépendent beaucoup moins du gouvernement.

Or, de ce que le sytème parlementaire fonctionne bien en Angleterre, faut-il en conclure qu'il doive nécessairement convenir à tous les peuples civilisés, et en particulier aux Français ? Il est permis d'en douter.

Que certaines nations monarchiques, comme la Belgique, l'Italie par exemple, l'aient adopté et ne s'en trouvent pas trop mal, cela tient à des causes particulières que je n'ai pas à exposer ici. Ainsi l'Italie a des institutions municipales qui rendent la vie locale très indépendante et très intense, sans que l'action politique du pouvoir central ait à en souffrir. Elle a eu de plus, comme la Belgique, un roi très intelligent, qui a parfaitement compris le système, l'a appliqué sans réserve et y a habitué la nation.

Mais ce qu'il y a de bien digne de remarque, c'est que les fondateurs de la République des États-Unis, qui étaient anglais, n'en ont pas voulu ; et que les Suisses se sont bien gardés de l'introduire chez eux, lorsqu'en 1848 ils ont remplacé leur pays d'États par une Confédération.

Aux États-Unis, le président, élu pour quatre ans, ne peut nommer pour ses ministres que des hommes agréés par le Sénat. Ces ministres ne peuvent être ni sénateurs, ni députés. Ils n'ont pas entrée au Parlement, avec lequel le président ne communique que par des messages. Il en résulte que, pendant quatre ans, il ne peut y avoir de changement de ministère, ni par conséquent de changement de politique.

En Suisse, le Conseil national (Chambre des députés) et le Conseil des États (Sénat), réunis en Congrès, nomment pour quatre ans les membres du Conseil fédéral (Pouvoir exécutif), qui se répartissent les départements ministériels ; et, chaque année, le Congrès choisit parmi les membres du Conseil fédéral le président de la Confédération, dont par conséquent les fonctions ne durent qu'une année et qui n'est pas immédiatement rééligible. Mais contrairement à la Constitution américaine, les conseillers fédéraux ont entrée dans les Chambres, où ils soutiennent ou combattent les projets de loi. Les cantons ont des organisations fondées à peu près sur les mêmes principes.

L'Amérique et la Suisse n'ont donc pas le système parlementaire. Le sort des ministères n'y dépend jamais d'un vote hostile. Jamais on n'y voit poser une question de cabinet.

En Angleterre les ministères ont en général une durée respectable, qui leur permet de suivre les affaires à terme un peu long, grâce à l'esprit politique des anglais. En Amérique et en Suisse les ministres ont une existence fixe.

Ils ne doivent pas mourir et ne meurent jamais avant terme.

Il est bon d'ajouter qu'en Amérique et en Suisse les fonctions fédérales sont peu nombreuses et qu'en Suisse elles ne dépendent pas des mouvements de l'opinion. J'ajouterai encore que dans les États américains et dans les cantons suisses, il en est de même pour les fonctions locales.

Enfin les États-Unis et la Suisse ne sont pas des pays centralisés ; et en Angleterre la centralisation n'a pas le même caractère que de ce côté-ci du détroit.

Si maintenant nous jetons les yeux sur la France, au lieu du fonctionnement régulier d'un régime fondé sur des principes fixes, bien définis, nous voyons un cahos d'institutions bizares, arbitrairement créées et dont la mise en œuvre produit une confusion inextricable.

Les américains et les suisses ont sévèrement appliqué cette loi qui gouverne la représentation : c'est qu'une nation se compose de deux éléments : le peuple pris dans son ensemble et les groupes historiquement formés sur son territoire. De là deux corps qui doivent représenter ces deux éléments : un conseil national (Chambre des députés) et un conseil des États (Sénat).

Le conseil national, parce qu'il représente le peuple, doit être composé d'un nombre de représentants proportionnel soit au chiffre de la population, soit à celui des électeurs. Mais pour le conseil des États, la proportionnalité n'a plus de raison ; elle serait un non sens ou un contre sens.

Chaque groupe, en effet, état, canton, département, comté... est une individualité collective, qui a sa vie propre, et à laquelle doivent être appliqués les principes dont bénéficient les individus pourvus de la majorité politique qui composent le peuple. Le chiffre de la population n'a rien à faire ici. Ces groupes sont égaux entre eux, parce que, quels que soient l'étendue de chaque territoire, le nombre de ses habitants, ils ne comptent que pour une unité dans l'un des éléments dont la nation s'est formée. Ils doivent donc avoir le même nombre de représentants et même les nommer et les indemniser suivant le mode qu'il conviendra à chacun d'eux d'adopter. C'est en vertu de ce principe de droit public indiscutable qu'en Suisse chaque canton envoie deux députés au conseil des États et qu'en Amérique chaque État envoie également deux députés au Sénat, abstraction faite de l'étendue du territoire et du chiffre de la population. C'est encore en vertu de ce principe qu'en Suisse les députés au conseil national reçoivent une indemnité fixe, uniforme, qui leur est payée par la caisse fédérale; tandis que l'indemnité que reçoivent les députés au conseil des États est fixée et leur est payée par les cantons qu'ils représentent.

Le législateur français de 1875 a eu l'intuition de cette loi, née de la nature même des choses, lorsqu'il a décidé (loi du 24 février 1875, art. 4, n° 4) pour l'élection des sénateurs, que chaque conseil municipal élirait un délégué; mais il l'a méconnue (art. 2) lorsque, violant le principe d'égalité entre les départements, il a attribué à certains d'entre eux plus de sénateurs qu'à d'autres. C'est encore par suite de la même erreur que dernièrement, au lieu de supprimer purement et simplement les inamovibles au fur et à mesure de leur extinction, on a réparti leurs sièges entre les départements par voie de tirage au sort, et qu'on a abandonné le principe d'égalité entre les communes pour le nombre de délégués qu'elles auront à nommer désormais.

A quelles causes faut-il attribuer des erreurs aussi grossières ? Ou plutôt comment expliquer un tel parti-pris ? Les auteurs de ces dispositions législatives avaient sous les leurs yeux les Constitutions américaine et suisse. Qu'ils ne les aient pas copiées servilement, soit! Mais comment, voulant fonder une République démocratique, ne leur ont-ils pas au moins emprunté les principes indiscutables qui sont de l'essence de la démocratie, sauf à en déduire des règles conformes aux aspirations, aux besoins, aux traditions de la France? C'est qu'ils ne l'ont pas voulu. Pourquoi?

Il faut le dire bien haut : la France vit encore sous l'influence de deux traditions, l'une monarchique, l'autre jacobine, qui procèdent toutes deux du principe d'autorité.

Pour les monarchistes, la Monarchie est une panacée qui guérirait immédiatement toutes les plaies de la France et ramènerait l'âge d'or. M. le comte de Chambord, dans ses proclamations, annonçait que, s'il remontait sur le trône de ses pères, il *dégrèverait l'impôt foncier et supprimerait les impôts indirects;* et en même temps il parlait d'*augmenter les forces militaires, de creuser des canaux et des ports, de construire des routes, des chemins de fer, des hôpitaux, des églises, des presbytères, de protéger largement les lettres, les arts, le commerce, l'agriculture, l'industrie, et d'accorder des pensions à tous les serviteurs de l'État.* M. le comte de Chambord, assurément sincère, ne disait pas comment il pourrait, en diminuant les recettes du trésor et en augmentant les dépenses dans une énorme proportion, équilibrer le budget. Cet équilibre devait être la conséquence nécessaire et immédiate de la restauration de son trône.

A l'occasion des élections qui se préparent (août 1885), les jacobins-socialistes ont publié un programme en 30 articles et 73 paragraphes, qui non seulement bouleverse de fond en comble tout notre système politique, financier et économique, mais encore fait table rase de toute la législation et de toutes les institutions existantes. Or son application exigerait un budget de dix, quinze milliards peut-être ! Ses auteurs sont certainement convaincus que la réalisation de ce programme ferait le bonheur de la France. Ils ne disent pas toutefois où ils prendraient ces milliards.

L'État, pour les uns comme pour les autres, est un Dieu

qu'il suffit de faire parler. Il parlera bien quand le roi ou les jacobins seront ses grands prêtres.

Est-ce à dire qu'il faille méconnaître la part que la vieille monarchie a prise à la constitution de la France, et méconnaître aussi celle des jacobins quand il s'est agi de la conserver ? Non certes ! Napoléon Ier lui-même, à qui l'histoire aura tant de reproches à adresser, jacobin dans sa jeunesse et personnifiant sur le trône le principe d'autorité, n'a-t-il pas consolidé la France moderne, en se donnant toujours comme le continuateur de la Révolution, par exemple en assurant par ses victoires la propriété des biens nationaux entre les mains de leurs acquéreurs. Tous ont droit sous certains rapports à la reconnaissance des générations qui ont bénéficié déjà et bénéficieront dans l'avenir des grandes œuvres accomplies par eux.

Mais ils sont l'expression du principe d'autorité et ils n'apparaissent plus dans notre société moderne, qui a le sentiment que la liberté doit désormais lui servir de guide, que comme des ombres majestueusement drapées dans le linceul d'un monde disparu ; et ceux qui se disent leurs disciples ne voient pas que le Génie de la France les considère en souriant tristement, parce que d'un côté il les compare aux géants du passé et que de l'autre ils peuvent attirer sur nous les plus grands malheurs.

C'est à cette double tendance autoritaire que nous devons la conservation de nos institutions monarchiques : Notre organisation judiciaire, notre régime municipal, et surtout le système parlementaire, ainsi que les tentatives faites pour l'exagérer encore par l'établissement d'une Chambre unique qui disposerait à son gré de l'exécutif. Le système parlementaire semble être une institution d'un ordre tellement transcendant que personne ne proteste contre lui. Les monarchistes le trouvent sans doute excellent et les Jacobins parfait. Et c'est pour le compléter qu'on a créé cette présidence de la République, que nous possédons et dont il paraît que tout le monde est on ne peut plus satisfait, puisque personne ne s'en plaint.

Cette présidence est, en effet, la pierre d'attente, sur laquelle chacun espère reconstruire son édifice.

Pour les monarchistes, le président de la République est une espèce de monarque constitutionnel, dont le règne doit durer sept ans. Pourquoi sept ans? C'est bien long. Aux États-Unis la durée du mandat du président, et en Suisse celle du Conseil fédéral ont été fixées à quatre années, période jugée suffisante à une époque où, si l'on doit demander à une institution de la stabilité, la vie sociale est tellement active, qu'il est dangereux d'immobiliser les fonctions pendant un trop long espace de temps.

Les auteurs du septennat ont-ils jugé que sept années étaient nécessaires à la réalisation de leur projet non avoué de restauration? On l'a dit. Est-ce vrai? Est-ce une calomnie? En tout cas cette présidence conserve en France les traditions monarchiques, et, pour les monarchistes, c'est l'essentiel.

Quant aux Jacobins, le président laisse la porte ouverte à leur idéal, en ce sens qu'il personnifie l'État centralisant toute l'administration, dont il fait mouvoir les fils par ses ministres et que, grâce au système parlementaire, il est en la personne de ceux-ci sous la dépendance de la Chambre.

Pour les monarchistes, une restauration est extrêmement facile. Il suffit de changer deux mots : substituer le mot monarchie au mot république et qualifier de roi le président.

Pour les jacobins, supprimer le Sénat, mais sans toucher au président par qui la centralisation est conservée, est un résultat qui peut être facilement obtenu.

Nous avons donc une République assise sur des bases tellement fragiles, qu'elle peut d'un trait de plume être transformée en monarchie ou en convention révolutionnaire,

La transformation ne serait pas aussi simple aux États-Unis ou en Suisse. Aussi les Suisses et les Américains vivent-ils en parfaite sécurité.

CENTRALISATION

Notre machine gouvernementale a été organisée, combinée pour servir à l'application de la monarchie, et même de la monarchie absolue. C'est la centralisation dans ce qu'elle a de plus énergique. L'œuvre de Napoléon Ier subsiste tout entière, sauf quelques modifications de peu d'importance. Seulement on a greffé sur elle le système parlementaire. Il est vrai que l'exemple de l'Angleterre peut être invoqué comme excuse, mais il aurait fallu en même temps emprunter aux Anglais leurs autres institutions et surtout leur génie. Puis, quand nous avons glissé dans la démocratie, nous avons conservé purement et simplement cette centralisation à outrance, sans voir que c'était préparer l'avènement du césarisme. En changeant deux mots, comme je le dis plus haut, Napoléon III a fait le second Empire. Et, lorsqu'en 1870, César est tombé, quand il s'est agi d'organiser une République démocratique, on n'a pas songé à changer, pas même à modifier cet ensemble d'institutions qui devaient rendre le nouveau régime si précaire.

Centraliser, c'est tout faire converger vers un centre, d'où partent dans toutes les directions, pour ne s'arrêter qu'à la circonférence, les forces que l'on veut faire agir. Ce centre est représenté par un roi, un empereur, un conseil, un pape, un sultan...

La centralisation doit être envisagée ici au triple point de vue politique, administratif, économique.

Centralisation politique. — La centralisation politique est la conséquence nécessaire de l'état de société. Il est impossible, en effet, de concevoir l'État sans des attributions, qui font de celui-ci ou de ceux qui le représentent, un centre politique dont l'action doit s'exercer, soit sur les individus dont l'ensemble compose le peuple proprement dit, soit sur les groupes dont la Nation s'est peu à peu formée; et cela pour tout ce qui intéresse les rapports des groupes entre eux, des groupes avec l'État, et des individus avec l'État et les groupes; puis, les rapports de la Nation avec les étrangers.

Il est de l'intérêt d'une Nation que ses forces politiques ne soient pas éparpillées. Il faut même reconnaître qu'une Nation cesserait d'exister, le jour où l'indépendance politique serait donnée aux individus et aux groupes; car le lien politique est en réalité ce qui constitue l'état de société. Peu importe la forme qu'il prend : République démocratique ou césarienne, Monarchie tempérée, oligarchie, autocratie, la société n'a d'existence que par la cohésion que produit la dépendance politique imposée aux individus et aux groupes ou qu'ils s'imposent vis-à-vis de l'État.

L'organisation féodale offre un exemple bien remarquable de cette vérité, en ce que c'est la nécessité de ce lien qui a formé la féodalité.

Mais l'organisation féodale met en lumière une autre vérité tout aussi importante, tout aussi indiscutable : c'est que la centralisation politique doit être très forte, au risque d'exposer le corps social à une dislocation inévitable. Si la société féodale fut toujours dans un état si précaire, cela venait précisément de la faiblesse du lien qui unissait les vassaux au suzerain. En dehors du serment de foi et hommage, qu'il devait prêter et du service militaire qu'il pouvait trop facilement refuser, chaque vassal, maître dans ses domaines sur lesquels il avait le droit de propriété le plus absolu, y représentait la centralisation politique spéciale à ce territoire et à ses habitants. Le suzerain n'avait là aucune autorité. Aussi les groupes pouvaient-ils passer d'une suzeraineté à une autre. Le vassal était souvent plus puissant, plus riche que son suzerain. Le duc de Bourgogne, le roi d'Angleterre, vassaux du roi de France étaient plus forts que lui. Henri Ier fit trembler Louis-le-Gros et il fallut à Louis XI toute son habileté pour triompher de Charles-le-Téméraire.

Ces exemples montrent bien qu'un État puise toute sa force dans la centralisation politique. C'est une vérité qui s'est élevée à la hauteur d'un principe de droit public. Aussi les Américains et les Suisses n'ont eu garde de la méconnaître.

En Suisse, si un ou plusieurs cantons se soulevaient contre l'autorité de la Confédération, si un conflit s'élevait entre des cantons, ou si dans un canton un parti se livrait à des excès contre le parti adverse, la répression ne se ferait pas attendre. La guerre du Sunderbund, en 1847, a montré quelle était la force de la Confédération. Le 22 août 1864, il y eut à Genève, à propos d'une élection, une collision sanglante. Des troupes d'autres cantons furent immédiatement envoyées et restèrent dans la ville jusqu'à ce que l'ordre fut rétabli.

Aux États-Unis, le résultat de la guerre de sécession a montré quelle force politique les Américains ont donnée à leur Confédération.

La centralisation politique n'est donc pas une simple abstraction, à laquelle il soit facultatif de donner ou de ne pas donner place dans le droit public d'une nation. C'est un principe fondamental qui est de l'essence de l'état de société et sans l'application rigoureuse duquel la société ne se conçoit pas.

Il en est tout autrement de la centralisation administrative.

Centralisation administrative. — Si la centralisation purement politique est de l'essence de l'état de société, la centralisation sans réserve est tout à la fois le principe et la conséquence de l'autocratie. Les peuples orientaux ne connaissent pas d'autre régime. Pour eux l'empereur, le sultan est un maître absolu qui peut disposer à son gré des biens et de la vie de ses sujets, comme, depuis la proclamation du dogme de l'infaillibilité, le pape dispose des consciences des catholiques, en leur révélant des dogmes nouveaux, qu'ils doivent accepter comme vérités. Pour ces peuples, le souverain n'est pas seulement le chef politique de la nation, il est le représentant du Dieu auquel ils croient et qui parle par sa voix. L'empereur des Russes, le padischah des musulmans sont chefs d'Églises autant que chefs d'États. Ils ont ce qui exerce sur les esprits le plus grand de tous les empires, le prestige religieux. Expression vivante de la volonté nationale, César ordonne et tout obéit, César défend et tout s'abstient, César parle et tout se tait.

Ce régime politique et social est né chez ces peuples de la nature même des choses et s'y est maintenu par les mêmes causes. Leur intérêt ne va pas au-delà. La notion du droit leur est inconnue; ils ne sont accessibles qu'à celle du devoir envers le maître. Parlez à un Chinois de garanties constitutionnelles, il ne comprendra pas. C'est le système social le plus simple : Un homme qui commande, une foule qui obéit. La science n'a rien à voir là. Les combinaisons savantes, les rouages compliqués, que le progrès général a rendus nécessaires à la vie sociale d'autres peuples, tout cela est du pur roman.

Cette centralisation, très compréhensible en théorie et même praticable pour une petite nation, comme étaient la plupart des fiefs ou justices au moyen âge, ne serait-elle qu'une chimère, dès qu'il s'agit d'un grand pays, parce que le chef de l'État est obligé d'employer des intermédiaires? Nullement. Le sultan, l'empereur de Russie ne connaissent pas les pays situés aux extrémités de leurs empires. Il leur faut des agents, des lieutenants pour exécuter leurs ordres et prendre au besoin des initiatives. Mais c'est toujours le maître qui veut, parle et agit. Tout vient du Pharaon. Tout retourne à lui. C'est lui qui fait les lois, décrète les impôts, nomme à tous les emplois par lui-même ou par ses lieutenants, et tous les fonctionnaires de l'État ne relèvent que de lui.

Telle est la centralisation dans son expression la plus pure.

Or, n'est-il pas de la dernière évidence qu'un semblable système est incompatible avec les traditions, les besoins, les aspirations des peuples occidentaux.

N'est-il pas de la dernière évidence qu'il ne saurait être là question de représentation. Représenter qui ? Un peuple au sens moderne du mot, c'est-à-dire une collectivité d'hommes ayant des droits, qualifiés pour cela de citoyens ? Il n'y a pas de peuple *(populus)*; il y a une plèbe *(plebs)*; comme était la plèbe romaine, étrangère au droit de la cité comme furent sous le régime féodal les manants *(manentes)*, les vilains *(vilani)*, taillables et corvéables à merci.

Il résulte de tout ceci, que la centralisation sans réserve, est de l'essence de l'Autocratie. Non seulement il ne saurait être question de corps constitués représentant le peuple ou des groupes, dont ils auraient à faire valoir les droits, parce que personne n'a de droits devant César, et qu'à lui seul appartiennent la nomination de tous les agents politiques, administratifs, judiciaires, et le droit de tout ordonner; parce qu'il doit tenir dans sa main toutes les forces sociales, pour les faire agir et les diriger. A lui, en effet, reviennent toutes les questions de droit public ou international public, qui peuvent intéresser le pays ou ses rapports avec l'étranger ; c'est lui qui administre la chose publique; c'est lui qui rend la justice par des fonctionnaires spécialement chargés de dire droit en son nom (1). Il personnifie la nation vis-à-vis d'elle-même et vis-à-vis des autres nations.

Si telle est l'Autocratie, si telles sont les institutions nécessaires à sa mise en œuvre, est-il besoin de dire qu'on ne les trouverait pas dans les Républiques démocratiques.

---

(1) *Revue de la Réforme judiciaire*, 1885, 3e cahier, p. 282 et sq.

Les Américains et les Suisses, qui n'ont pas voulu du système parlementaire, n'ont pas voulu de cette centralisation. Même après la guerre de Sécession, bien faite pour leur inspirer des doutes sur le mérite de leur confédération, les Américains n'ont pas songé, un seul instant, à toucher à l'autonomie des groupes dont se compose l'Union, et à faire de Washington une capitale au sens européen de ce mot, et du président un quasi-monarque, dit constitutionnel.

En Suisse le conseil fédéral et aux États-Unis le président n'ont qu'un très petit nombre de fonctions à pourvoir et un petit nombre d'affaires à traiter. Aux États-Unis, les fonctionnaires de la confédération sont nommés par le président, *de l'avis et du consentement du Sénat*, à moins qu'une loi spéciale ne donne au président seul le droit de nomination. En Suisse, les fonctionnaires de la confédération sont nommés par le conseil fédéral ; mais, je l'ai dit déjà, ils ne sont pas soumis aux fluctuations de l'opinion ; les exemples de révocation pour motif politique sont extrêmement rares et causent un scandale. Aux États-Unis, les fonctionnaires non politiques ne peuvent être révoqués qu'à la suite d'une accusation pour causes déterminées.

D'un autre côté, dans ces pays, les chefs des départements ministériels, n'étant pas exposés à être renversés par un vote des Chambres, ne sont pas sous la dépendance des députés et sénateurs. Il en résulte qu'ils ne sont pas assaillis par les solliciteurs.

Les Américains ont même pris à ce sujet une mesure bien digne de remarque. Pour la Confédération comme pour chaque État, le siège du gouvernement n'est pas placé dans une ville importante, mais dans une bourgade, qui est par cela seul médiatisée, c'est-à-dire privée de son administration locale et gouvernée par les autorités de la Confédération ou de l'État, avec défense d'y créer de nouvelles industries sans autorisation. Les Américains ont pensé que, se donnant des représentants pour travailler à l'intérêt général, ils ne devaient pas les exposer aux sollicitations toujours nombreuses et faciles dans un grand centre de population et les envoyer dans une de ces grandes villes où l'attrait des plaisirs rend le travail souvent difficile ; de plus, ils n'ont pas voulu qu'il y eut à côté d'eux un autre pouvoir, le pouvoir municipal. C'est un sacrifice imposé au patriotisme de la cité qui a l'honneur de recevoir dans ses murs le gouvernement de la Confédération ou de l'État.

Dans les pays d'Orient, les fonctionnaires publics sont relativement peu nombreux. Le maître n'a pas besoin d'un grand nombre d'agents pour obtenir l'obéissance. De plus, on ne trouve pas là ces combinaisons savantes, dont j'ai parlé plus haut et que le progrès général a rendues nécessaires aux peuples européens. En France, les emplois sont innombrables, et, sauf quelques très rares exceptions, les fonctionnaires sont nommés par les ministres ou par leurs agents, les préfets.

Or, si à la centralisation vient se joindre le parlementarisme, cette union produit la confusion de tous les pouvoirs. C'est l'anarchie !

En France, aujourd'hui, dans les familles aisées, l'instruction qu'on donne à un jeune homme ne sera pas en général pour lui une arme qui le mette à même de combattre le grand combat de la vie. Elle doit être un moyen d'obtenir une place, c'est-à-dire d'émarger au budget de l'État ; et, une fois entré dans la carrière, ce n'est pas au travail, mais aux influences politiques, qu'il laissera le soin de lui faire gravir les degrés de l'échelle administrative. La soif des fonctions publiques est une épidémie. Le nombre des candidats est si considérable qu'on a dû imposer des limites d'âge de plus en plus abaissées et des conditions de capacité de plus en plus sévères.

Et puis encore les décorations ! hélas ! C'est, assurément, de toutes les maladies dont nous souffrons une des plus graves, parce qu'elle tend à abaisser les caractères. Avoir un ruban à la boutonnière de son habit, est pour un grand nombre d'hommes une monomanie. On ne cherche pas à se distinguer par la science, par le talent, par les services rendus, mais par un signe extérieur; ou bien le talent, la science, les services rendus sont des moyens de monter au mât de cocagne, au haut duquel on décrochera une décoration. Le ruban rouge, surtout, est l'objet de toutes les ambitions; aussi, lorsqu'on ne peut pas obtenir la Légion d'honneur, cherche-t-on à se procurer un ordre, comme par exemple celui du Christ de Portugal, dont le ruban soit rouge et qu'on porte seul en dissimulant derrière la boutonnière une petite croix mycroscopique, pour ne pas tomber sous le coup de la loi qui défend de porter seul le ruban d'un Ordre étranger.

La maladie a atteint de telles proportions qu'il est admis qu'un fonctionnaire d'un certain rang, un homme dans une certaine situation doit être décoré, sinon une sorte de défaveur s'attache à sa personne. Tels sont : les préfets, les directeurs des administrations dans les chefs-lieux de département, les chefs de bureau dans les ministères..., les présidents des conseils généraux, les présidents des tribunaux, et, à plus forte raison, les conseillers et les présidents des Cours d'appel, les maires des villes un peu peuplées, les avocats des barreaux un peu importants.. et les médecins! Le ruban rouge fait si bon effet sur la clientèle !

Il y a cependant de remarquables exceptions : MM. Dufaure, Victor Lefranc n'étaient pas décorés. M. Sénard a refusé d'être chevalier de la Légion d'honneur.

La chevalerie! En vérité on croit rêver quand on entend parler de *chevalerie* en pleine démocratie ! La première République avait institué pour l'armée les armes d'honneur, ce qui valait certainement mieux que l'anachronisme de Napoléon Ier. Toutefois, on comprend cette institution de la part d'un César, qui rétablissait les titres de noblesse, et qui, en plein dix-neuvième siècle, prenait ses mesures pour refaire l'Empire romain. A la rigueur, à moins de revenir aux armes d'honneur, ce qui serait peut-être difficile, on concevrait encore aujourd'hui le ruban rouge réservé à l'armée et à la marine, parce que le soldat, le marin actuels sont les descendants des anciens Preux, parce qu'il y a de la grandeur chevaleresque à aller souvent aux extrémités de la terre défendre l'honneur, la gloire du drapeau français. Mais les rangs de la chevalerie ouverts à un avocat, à un médecin, à un comédien, à un préfet, à un maire, à un fabricant de toiles ou de cercles de tonneaux, à un planteur de betteraves ou de pommes de terre !... Peut-on rien imaginer de plus grotesque d'abord, et ensuite de plus antidémocratique ! Il est vrai, sous ce dernier rapport, qu'il y a tant de gens décorés que le principe d'égalité, pour peu que cela continue, finira par être respecté.

Mais, en attendant, on a tellement dénaturé l'institution en prodiguant le ruban rouge, qu'on encourage la vanité dans ce qu'elle a de plus misérable. La croix d'honneur qui, dans la pensée du fondateur de l'Ordre, devait être la récompense de grands services rendus, n'est plus, en général, que la menue monnaie, avec laquelle on paye les démarches, les intrigues, les plates sollicitations de ceux qui la demandent. C'est tout à la fois, dans les classes aisées de la société française, la cause et le signe d'un abaissement des caractères, qui ne présage rien de bon pour l'avenir du pays. Tout homme, dans une certaine situation sociale, doit être décoré, c'est-à-dire porter à la boutonnière un ruban. Quand il ne peut pas obtenir la couleur rouge, il se rabat sur le violet de l'Instruction publique. Mais, comme cela ne suffisait pas, le gouvernement a créé un nouvel Ordre de chevalerie spécial aux agriculteurs, *le Mérite agricole*, auquel le public a infligé un sobriquet caractéristique, et dont on fait de très larges fournées. Où s'arrêtera-t-on ? Aussi entrez dans un salon de Paris ; vous y verrez que les hommes que l'on *distingue*, sont ceux qui ont la boutonnière de leur habit vierge de toutes espèces de rubans.

Les demandes de places et de décorations inondent les ministères, grâce à la centralisation administrative. Elles sont empilées dans des cartons, où elles resteraient oubliées, si personne ne les en faisait sortir. Or celui qui, de par le système parlementaire, est chargé de cette opération, c'est le député ou le sénateur, mais surtout le député.

Si en effet le candidat à la députation n'a pas dans son arrondissement une notoriété qui l'impose au choix des électeurs, il est obligé de faire croire qu'il est ou sera influent. Pour cela, il prodigue les promesses à ceux qui travaillent au succès de son élection, et qui de leur côté n'entendent pas prendre tant de peine pour rien. Le candidat à la députation est-il capable? Sera-t-il un législateur digne de ce nom? Peu importe! Mais on l'affffirme bien haut aux électeurs, si on suppose qu'il pourra tenir ses promesses, c'est-à-dire être influent. L'influence présumée est ce qui assure l'élection. On fait voter la foule pour celui que l'on juge le plus capable de faire à Paris les affaires des meneurs électoraux. S'il a réellement du mérite, il pourra prendre à la Chambre une bonne situation, il abordera la tribune par exemple, ou du moins il prendra la parole dans les bureaux et se fera ainsi le centre d'un groupe avec lequel le ministère devra compter. Si le savoir, le don de la parole, l'habitude des affaires lui font défaut, il suffit qu'il soit doué de ce tempéramment de l'homme actif, remuant, tenace, qui s'impose et considère ce qu'il demande comme ne pouvant pas lui être refusé.

La mission du député est de faire les affaires de ses clients électoraux. Elle consiste donc à assiéger les ministères, les bureaux des administrations centrales, pour faire sortir les demandes de ces mystérieux cartons où elles sont enfermées. Si les places, objets de ces demandes, sont occupées, il faut que le député ait assez de crédit pour faire révoquer leurs titulaires actuels ou du moins obtenir qu'ils soient envoyés ailleurs, souvent dans des situations moins bonnes; et, pour en arriver là, on ne recule pas devant la calomnie. Le fonctionnaire, dont on envie la place, sera signalé au député comme bonapartiste et clérical par exemple, ou tout au moins comme républicain trop peu zélé ; le député ira au ministère répéter cette accusation, en profitant du moment où on agite à la Chambre une question qui inquiète le ministère, et obtiendra la révocation ou le changement du titulaire et la nomination de son protégé. Nos agents à l'étranger ne sont pas à l'abri des intrigues de quelque mécontent. Il a suffi, par exemple, que quelques brouillons signalassent à des députés, un consul des plus capables et des plus méritants, comme n'ayant pas des opinions politiques suffisamment correctes, pour qu'il ait été envoyé en disgrâce du poste qu'il occupait dans un autre moins important.

Il y avait au ministère des finances un chef du personnel des contributions indirectes d'une intégrité et d'une fermeté stoïques. Plusieurs fois, sous l'empire, des hommes très haut placés, des députés, des sénateurs, des maréchaux, des directeurs d'administrations..... allèrent lui demander de proposer au ministre, pour certaines places, des fonctionnaires dont la nomination eut été un avancement immérité et eut découragé le service. Il s'y est refusé et jamais à cette époque on ne lui a forcé la main. Sous la République, il a dû demander sa retraite pour ne pas être contraint de faire des propositions qui révoltaient sa conscience.

Sous l'Empire, quand une discussion s'élevait entre un évêque et un préfet, l'empereur, si le préfet était dans son droit, finissait par lui donner raison.

Sous la République, un préfet a été déclaré impossible et maintenu en disgrâce, pour s'être opposé aux concussions d'un évêque.

C'est tout simple et très logique. La démocratie césarienne a un gouvernement, et la centralisation administrative a cela de bon que l'empereur est le maître. Mauvais régime, je l'accorde, parce que c'est l'arbitraire, parce que les droits individuels ne sont pas garantis, parce que.....; mais c'est un gouvernement qui tient à avoir une bonne administration, pour que les services marchent régulièrement et que les intérêts du trésor surtout ne soient pas compromis. Avec une République démocratique, viciée par le parlementarisme et la centralisation administrative, il n'y a pas de gouvernement. Les ministres tremblent devant les députés, qui tremblent devant les meneurs électoraux. Les vrais chefs du personnel administratif sont les députés qui reçoivent le mot d'ordre de leurs électeurs influents. C'est un éparpillement général de la puissance. C'est l'An-Archie.

S'il en est ainsi au point de vue du personnel, quant à sa sécurité et à l'avancement, du moins le service n'en souffre-t-il pas?

D'abord, dans un grand pays, où l'administration est très compliquée et où par conséquent la diversité et la multiplicité des affaires a exigé que le travail fut extrêmement divisé, il est matériellement impossible que le centre sache bien ce qui se passe à la circonférence. On croit qu'on a décentralisé parce qu'on a placé sous les ordres du ministre des directeurs généraux, qui ont au-dessous d'eux des directeurs, sous-directeurs, inspecteurs, contrôleurs, vérificateurs..... C'est la hiérarchie. Un régiment ne cesse pas d'être un corps homogène parce qu'au dessous du colonel il y a des lieutenants, des sergents, des caporaux. Les chefs de service ne sont que les représentants du ministre, à qui ils rendent compte. Mais, comme le ministre est forcément obligé de s'en rapporter à eux, en fait cette centralisation n'a donné les résultats qu'on en espérait que grâce à des règlements très compliqués qui ont produit, dans d'incalculables proportions, ce qu'on a appelé la *paperasserie* bureaucratique. L'œuvre ministérielle serait en effet au-dessus des forces d'un seul homme. De là la nécessité des bureaux.

C'est dans les bureaux que tout se centralise.

Si un ministre restait longtemps à la tête de son département; si un préfet, qui est un administrateur en même

temps qu'un agent politique; si un receveur général.....
occupait longtemps le même poste, il finirait par connaître
non seulement le personnel sous ses ordres, mais les
détails des affaires qu'il a à conduire. Or avec le système
parlementaire et le suffrage universel direct sans conditions, les ministres vivent ce que vivent les roses, à peine
l'espace d'une session. Depuis 1870, nous sommes au
vingtième ministère. Les départements changent de préfets
comme l'année de saisons. De là une instabilité qui a de
très graves conséquences, non seulement politiques, mais
administratives.

D'abord elle consacre l'autocratie des bureaux. Les
ministres passent, les bureaux restent. Le ministre nouveau
est nécessairement dans leur dépendance, car les bureaux
seuls peuvent lui apprendre ce qu'il doit savoir.

J'entends articuler des plaintes très vives contre la force
d'inertie que les bureaux opposent souvent à de hautes
influences. Je ne partage pas l'animadversion dont ils
sont l'objet. Au lieu de leur attribuer le malaise administratif dont nous souffrons, il faut en demander la cause au
système général qui nous régit.

L'état d'instabilité dans lequel nous vivons est la cause
de déplorables abus, j'en conviens.

Les bureaux sont naturellement paresseux; ils n'aiment
pas les agents qui leur donnent du travail. Si la main
ferme d'un ministre, parfaitement au courant et certain de
l'avenir, ne s'impose pas à eux, les agents laborieux, qui
envoyent d'intéressants {rapports sont mal notés, parce
qu'ils augmentent le travail de l'administration centrale.
Les agents, qui aujourd'hui fournissent les plus belles
carrières, sont ceux qui ne font rien, tout en paraissant
agir beaucoup; qui trouvent que tout est pour le mieux
dans la meilleure des républiques; qui ferment les yeux
sur les abus, parce que pour les réformer il faudrait
prendre des mesures exceptionnelles qui troubleraient la
routine et la quiétude des employés. C'est là une des

conséquences de notre instabilité. Il y en a d'autres plus graves peut-être.

Ainsi il est de principe que l'administration centrale d'un département ministériel soutienne ses agents dans les conflits qui peuvent s'élever entre eux et les agents d'un autre département, entre un préfet et un évêque par exemple. Or j'ai vu au ministère de l'intérieur un chef de bureau préférer les renseignements d'un évêque aux affirmations d'un préfet et donner tort à celui-ci, dans une affaire de pure administration. Il est vrai que c'était à la veille du 24 mai, et que ce chef de bureau, prévoyant la chute de M. Thiers à bref délai, se préparait ainsi des titres à la confiance de l'ordre moral.

Mais, en définitif, malgré ces plaintes très fondées dont ils peuvent être l'objet, les bureaux des ministères sont aujourd'hui notre dernier rempart contre l'action délétère du parlementarisme, aidé du suffrage universel direct, dont nous sommes affligés. Non seulement les traditions administratives s'y conservent, non seulement ils luttent contre le favoritisme politique, mais par leur exemple et par le contrôle qu'ils exercent, ils maintiennent dans les rangs de la hiérarchie cette réputation de probité qui est l'honneur de l'administration française.

Toutefois, si les bureaux ont encore assez de force de résistance pour lutter contre notre suffrage universel exploitant le parlementarisme, ils sont impuissants pour empêcher le relâchement des services.

J'ai parlé plus haut de l'action administrative que les députés et leurs agents électoraux exercent dans les départements, au sujet des fonctions. Le même phénomène se reproduit dans les rapports des fonctionnaires avec les administrés. Les employés des finances surtout sont à chaque instant placés entre leur devoir et leur intérêt. Situation absolument condamnée par les moralistes, les jurisconsultes, les hommes d'État. Ne placez jamais un homme en présence d'une telle alternative. La tentation est trop forte. L'instinct de la conversation finira tôt ou tard par l'emporter.

Des employés des contributions indirectes doivent visiter la cave d'un aubergiste, dont le cabaret sert de lieu de réunion aux meneurs électoraux du *député de l'arrondissement,* dont il est lui-même un agent des plus actifs et des plus influents (1). Ils savent que ce cabaretier fait la contrebande des acquits à caution, qu'il a introduit chez lui des liquides en quantité considérable, et qu'ils risquent de le trouver en excédent. Iront-ils faire leur visite? Ou bien, pour ne pas être obligés de dresser procès-verbal, attendront-ils que l'équilibre se soit rétabli? Leur devoir est tout tracé ; mais leur intérêt? S'ils verbalisent, le cabaretier se plaindra au député, en accusant les employés de sévérité, de dureté, de méchanceté, en présentant même les faits de façon à laisser planer des doutes sur la sincérité de leurs déclarations. Le député agira. Les employés risquent d'être changés de résidence, mal notés peut-être, et, en tout cas, le procès-verbal sera mis à néant ou bien on admettra le délinquant à transiger pour une somme insignifiante. — On peut en dire autant de toutes les administrations.

Comment des employés mettraient-ils du zèle à remplir les devoirs, souvent pénibles, de leurs fonctions, quand, en les remplissant, ils peuvent compromettre leur avenir; quand ils savent que leurs services risquent de ne peser que faiblement dans la balance de l'avancement, à moins qu'un personnage politique ne s'occupe d'eux?

Ah ! qu'on y prenne garde ! La voie déplorable, dans laquelle on est entré, conduit fatalement au découragement. J'aime à croire que, jusqu'à présent, le mal n'est pas aussi

---

(1) J'écris à dessein *député de l'arrondissement,* parce que, ainsi que je le montrerai plus bas, le scrutin de liste restauré n'aura qu'un résultat : faire élire les députés des arrondissements par tous les électeurs du département.

grand qu'on aurait pu le craindre; cependant, je ne puis m'empêcher d'en voir un symptôme dans la diminution des recettes du Trésor. Sans doute il faut en demander la cause principale à la crise économique que traverse le monde entier. Toutefois, je ne serais pas surpris que le découragement, jeté dans les services publics par le favoritisme politique, n'y fut pour quelque chose, pour beaucoup, peut-être. Et, à supposer que je me trompe, ce dont je serais très heureux et très fier, parce que ce serait une preuve éclatante de la probité administrative de mon pays, il y a là une situation extrêmement dangereuse qu'il n'est pas permis de laisser subsister plus longtemps.

Est-ce à dire que la décentralisation administrative mettrait la France à l'abri de la concussion ? Non. Ce qui fait le concussionnaire, c'est l'espérance ou la presque certitude de l'impunité. On a vu aux États-Unis les finances de la ville de New-York mises au pillage; et, depuis quelques années, en Suisse, un assez grand nombre de fonctionnaires ou officiers ministériels, foulant aux pieds les austères traditions de ce noble pays, comparaître devant les tribunaux, accusés d'avoir détourné les fonds confiés à leur honneur. C'est qu'ils comptaient sur l'impunité, parce qu'ils voyaient au pouvoir le parti politique auquel ils appartenaient. Jusqu'ici, en France, nous pouvons marcher le front haut. Il s'est trouvé des évêques concussionnaires volant les deniers de l'État au moyen de faux vicaires et de faux curés, sans être même poursuivis criminellement, ce qui est, en sens contraire à ce que j'ai dit plus haut, un bien triste exemple de l'impunité acquise par les influences politiques. Mais ces faits sont chez nous extrêmement rares. Seulement si cette situation se prolongeait, il y aurait là pour l'avenir un danger que, je le répète, il est grand temps de conjurer.

Parlerai-je de la centralisation administrative au seul point de vue de l'administration ? On a tant et tant écrit à ce sujet que je ne pourrais que répéter ce que d'autres ont dit avant moi. Mais il est bon peut-être de signaler un fait et d'en rappeler un autre, pour montrer mieux encore combien le système est vicieux, et avec quelle facilité on pourrait le réformer.

Il est à remarquer que, lorsque les hommes politiques sont dans l'opposition, ils critiquent vivement la centralisation administrative, et que, arrivés au pouvoir, ils oublient les graves raisons par lesquelles ils motivaient leurs attaques, pour ne voir dans cette institution qu'un puissant moyen de gouvernement. C'est la tendance à l'autoritarisme dont je parle plus haut.

On l'a répété sur tous les tons : la centralisation administrative est un mensonge continu. Comment un ministre, même un préfet, pourrait-il étudier les innombrables affaires pour lesquels il est appelé à donner sa signature? Prenons un exemple entre mille :

Un individu est propriétaire d'une maison devant laquelle passe un chemin vicinal. Il veut transformer une fenêtre en porte vitrée s'ouvrant sur un balcon. Il est obligé de demander l'autorisation au préfet. Le préfet ira-t-il sur les lieux, à l'extrémité du département, pour s'assurer par lui-même si la demande doit être accueillie? Non! Il la renverra à l'agent-voyer en chef, qui l'enverra à l'agent-voyer d'arrondissement, qui chargera un conducteur ou un piqueur de lui faire un rapport, et ce rapport reviendra par la même filière, au préfet, qui signera les yeux fermés, la décision que lui auront préparée ses bureaux; puis cette décision sera adressée au sous-préfet, qui l'enverra au maire de la commune, qui chargera le garde-champêtre de la remettre à celui qu'elle concerne.

Que de voyages! Quelle perte de temps! Que de papier inutilement noirci pour une affaire qui aurait pu être traitée sur place par le sous-préfet et l'agent-voyer d'arrondissement, et même par une décision du maire ou d'une délégation du conseil municipal, sauf, en cas d'opposition, appel à la commission permanente du conseil général.....

Il en est ainsi de presque toutes les affaires qui encombrent les bureaux des préfectures. Comment voudrait-on qu'un préfet, qui a tous les jours plusieurs centaines de signatures à donner, prenne connaissance de tous les papiers qu'on lui donne à signer. C'est impossible! Et c'est pour cela que la centralisation administrative est un mensonge.

Je viens de parler de la commission permanente du conseil général. Elle a été instituée par la loi de 1871.

Lorsque le projet parut, il causa la plus vive émotion dans le monde des autoritaires et dans les bureaux, sans parler de l'administration des ponts et chaussées.

Comment, disait-on, enlever au préfet la décision des questions relatives à la voirie départementale! donner au conseil général le droit d'enlever les routes départementales aux ponts et chaussées pour les remettre aux agents-voyers, ou de transporter aux ponts et chaussées tout le service de la voirie! C'est décapiter les préfectures, c'est enlever aux préfets un moyen d'influence politique des plus puissants, surtout en matière électorale; c'est enfin une question de vie ou de mort pour le corps des ponts et chaussées.

Ces craintes n'avaient rien de fondé.

Voulait-on oui ou non, abandonner pour jamais ce procédé césarien qui s'appelle la candidature officielle; le préfet n'avait que faire de son ancienne compétence en matière de voirie. De plus le projet lui enlevait tout le fardeau de la responsabilité dans des questions souvent fort délicates, qui à chaque instant donnaient lieu à des plaintes fort vives. Il est vrai que la centralisation administrative a une tendance à courir au devant des responsabilités, pendant qu'une paresse native laisse en général les fonctionnaires fort indifférents aux réclamations des intéressés, qui se désolent de la trop lente expédition des affaires. Singulière contradiction!

Quant au ministère des Travaux publics, qui croyait tout

perdu, il s'est bien vite rassuré en voyant dans quelques départements, le Conseil général remettre toute la voirie aux-ingénieurs des ponts et chaussées, tout en respectant les droits acquis des agents-voyers, placés désormais sous leurs ordres; ce qui se généralisera certainement parce que c'est, de toutes les économies, la plus facile à réaliser, parce que les ingénieurs offrent bien plus de garanties, et qu'ils sont sous la surveillance du Conseil général et de la commission permanente.

Mais, en revanche, le corps des ingénieurs des ponts et chaussées est très indépendant; et, comme ils ne relèvent pas directement des préfets, ceux-ci ont perdu là un puissant moyen électoral. Qui peut s'en plaindre? Ceux qui voudront revoir les beaux temps de la candidature officielle? Passons!

La loi de 1871 a fait un premier pas dans la voie de la décentralisation administrative. Elle pouvait aller plus loin. Elle pouvait augmenter la compétence du Conseil général et celle de la commission permanente. Elle pouvait faire mieux encore.

J'entends répéter qu'il faut supprimer les sous-préfectures, parce que, dit-on, le sous-préfet n'est qu'un intermédiaire sans utilité. Sans doute aujourd'hui la sous-préfecture n'est qu'une boîte aux lettres. Mais devrait-il en être ainsi? Demandez à l'Italie si elle a fait de son Intendant un rouage inutile? Nos préfectures sont encombrées d'une multitude d'affaires, dont, ainsi que je le dis plus haut, le préfet ne peut pas s'occuper et pour lesquelles il est à la merci de ses bureaux. On pourrait très utilement placer ces affaires dans les attributions du sous-préfet, à qui on donnerait le droit de prendre à ce sujet des arrêtés. Ce serait un très heureux complément de la loi de 1871, surtout s'il était complété par une commission permanente du Conseil d'arrondissement, pourvu d'attributions qui lui manquent aujourd'hui, et qui combleraient une regrettable lacune laissée dans la hiérarchie administrative.

Je regrette de ne pouvoir qu'effleurer cette importante question. Mais ce que j'en dis suffit pour montrer que la réforme, réalisée par la loi de 1871, toute restreinte qu'elle fût, a eu d'excellents résultats, et qu'il ne s'agit plus que de marcher résolument dans la voie qu'elle a ouverte.

En résumé la centralisation administrative est condamnée. La conserver, c'est courir aux abimes.

Centralisation économique. — J'ai peu de choses à dire à ce sujet. Pris dans leur acception la plus large, ces deux mots signifient *communisme*. En effet, l'État prenant en main la direction de la production, de la circulation et de la distribution des choses essentielles à la vie matérielle, c'est le communisme. Or cela ne se discute plus.

Je sais bien qu'il y a en ce moment, non seulement en France, mais dans d'autres pays de l'Europe et en Amérique, un parti considérable qui veut donner à l'État des attributions économiques absolument condamnées par la science, dans le but apparent de venir en aide à la classe la plus nombreuse et la plus pauvre.

Or il est bon de remarquer d'abord que ces prétendues réformes ne concernent pas la grande masse de la population, les paysans, qui n'en ont pas besoin, mais seulement les ouvriers de l'industrie, surtout dans les grandes villes, qu'on espère séduire par la perspective de bien vivre et d'assurer leur avenir sans beaucoup travailler; telle est par exemple l'assurance par l'État contre la maladie, la vieillesse, et même le chômage.

Ensuite, à défaut des décisions de la science, il est un fait qui doit rendre très défiants ceux qui ne se payent pas de mots : c'est de voir un personnage légendaire, comme M. de Bismarck, se dire partisan de ces idées, mieux que cela, en poursuivre en Prusse l'application. C'est bien étrange !

En parlant ainsi, je ne pense pas à la part qui revient à ce Sphinx dans nos malheurs. Il a joué en cela son rôle d'Allemand. C'est en France que l'histoire cherchera les coupables de la guerre de 1870.

Mais M. de Bismarck personnifie le principe d'autorité. Il l'a bien prouvé par la manière dont il a traité le parlement prussien à l'occasion des guerres entreprises par son maître. En même temps, c'est un chevalier Teuton, tout fraichement débarqué de la Palestine, à qui malheureusement on n'a pas pu, pour s'en débarrasser, donner à conquérir les rives de la Baltique, et qui erre dans notre xix⁰ siècle, en cherchant un moyen d'accomoder la féodalité au goût de la société moderne. M. de Bismarck socialiste !!! Il m'est difficile d'admettre qu'il ait en vue les intérêts de la classe la plus pauvre.

Ah! il est une loi plus puissante que le prince-chevalier, plus puissante que les foules : c'est la loi de sélection. En la mettant en lumière, Darwin a posé le vrai problème.

Quiconque ne s'arme pas pour le combat de la vie est destiné à périr. C'est fatal !

Mais la famille humaine peut faire ce qui est interdit aux familles animale et végétale. L'État peut, il doit venir en aide à ceux que la nature a traités en marâtre, et qui, malgré leurs efforts, risquent de succomber dans la lutte. Il peut, il doit multiplier les hôpitaux pour les malades, les institutions de bienfaisance pour secourir les infortunes imméritées, encourager la mutualité, faciliter l'association.

... Mais là s'arrêtent son rôle et son devoir. Aller plus loin, entrer dans la voie qui conduit l'État à se substituer aux individus, c'est condamner l'histoire qui nous apprend que, dans tous les siècles, les luttes soutenues par les faibles contre les forts n'ont eu pour but que d'obtenir un régime de garanties pour les droits individuels. Le socia-lisme, c'est la négation du droit sous prétexte d'accomplissement du devoir ; c'est la pierre d'attente du communisme.

La centralisation économique, dans les conditions de notre voie sociale actuelle, est une utopie.

De ce qui vient d'être dit de la centralisation, il résulte :

1° Que, la centralisation économique étant le communisme déguisé, il n'y a pas lieu de s'en occuper ;

2° Que la centralisation administrative est une plaie qu'il faut se hâter de guérir ;

3° Que la centralisation politique, étant de l'essence de l'État, doit agir au moyen d'une forte hiérarchie.

En résumé, dans un État bien ordonné, on doit rencontrer une très forte centralisation politique, et une très large décentralisation administrative.

Les bornes de cette étude ne me permettent pas d'entrer dans les détails du problème de la décentralisation administrative ; j'en ai dit assez pour indiquer comment la centralisation politique doit être réalisée. Je veux cependant signaler une erreur que nous avons commise à ce sujet.

Si la centralisation politique est de l'essence de l'État, il s'en suit que le pouvoir, chargé du fonctionnement de cet organe, doit être partout présent. C'est ce qui a été fait pour les départements et les arrondissements, mais non pour les communes. Lors de la discussion de loi municipale, dont le projet abandonnait la nomination du maire au conseil municipal, M. Thiers s'opposa de toutes ses forces à l'adoption d'une telle disposition, et il obtint, pour le Gouvernement, le droit de nommer les maires des chefs-lieux de département et d'arrondissement ; et même il fut admis que le Gouvernement nommerait les personnes qui lui seraient désignées par le conseil. Le principe était du moins en partie sauvé.

Pourquoi le maire est-il laissé au choix du conseil municipal ? Parce que, dit-on, la commune doit être indépendante. C'est parfaitement répondre, s'il s'agit d'indépendance administrative. Mais c'est une hérésie de demander pour elle l'indépendance politique, en ce sens qu'elle serait complètement soustraite à l'action dn pouvoir central. Seulement nous savons, par expérience, que lorsqu'un maire est nommé par l'Exécutif, comme il est en même temps administrateur des affaires communales, il peut facilement abuser de l'autorité que lui donne son caractère d'organe officiel du Gouvernement, pour imposer à la commune des mesures administratives que celle-ci réprouve. C'est un danger.

Pour l'éviter, les Piémontais avaient créé une institution, qui a été introduite en Italie et qu'a imitée l'Assemblée nationale, dans la Loi de 1871, pour le département.

Dans chaque commune, à côté du maire, nommé par l'Exécutif, il y a un *conseil délégué*, élu par le conseil municipal, et composé d'un nombre de membres en rapport avec celui des conseillers municipaux. Ce conseil délégué est en permanence auprès du maire, qui ne peut prendre aucun arrêté sans son avis conforme. C'est la commission permanente de notre conseil général ; mais avec des attributions tout à la fois plus étendues et plus restreintes ; plus étendues en ce que le conseil délégué est effectivement permanent, et que le maire doit le consulter pour toutes les affaires de la commune ; plus restreintes, en ce que le conseil délégué n'a aucune mesure à prendre, tandis que la commission du conseil général a le droit de statuer elle-même dans certains cas (1).

En résumé, le maire doit être nommé par l'Exécutif. Mais il est en même temps administrateur ; qu'il ait donc près de lui un conseil pour le seconder, pour le surveiller et l'empêcher d'abuser administrativement de son autorité politique.

Et puis qu'on renonce à assimiler de grandes cités comme Paris, Lyon, Marseille, à Brives-la-Gaillarde ou à Mont-sous-Vaudrey. Brives-la-Gaillarde et Mont-sous-Vaudrey

---

(1) En 1871, j'ai appelé l'attention de M. Calmon, alors sous-secrétaire d'État à l'Intérieur, sur les *conseils délégués* Italiens. M. Calmon me parut très frappé des avantages de cette institution, et très disposé à faire étudier la question de savoir si elle pourrait être introduite dans notre organisation municipale. La chute de M. Thiers ne lui a sans doute pas permis de donner suite à ce projet.

sont des communes, dont les habitants ont tous le même
intérêt. Peut-on en dire autant du faubourg Saint-Honoré et
du quartier Mouffetard, de la Croix-Rousse et des Brotteaux ?
Que les villes, dont la population dépasse un certain chiffre,
soient divisées en communes, ayant chaque à sa tête un
maire nommé par l'Exécutif et flanqué d'une commission
permanente élue par le conseil municipal ; et alors nous ne
serons plus témoins de certaines décisions du conseil municipal de Paris. Toutes les communes de France seront
placées sous l'empire du droit commun.

REMÈDES PROPOSÉS

De tout ce qui précède, il résulte que nous sommes
malades.

De plus, nous avons parfaitement conscience de cet état,
car nous nous retournons sur notre lit de souffrance, où
nous cherchons une meilleure position. Nous renversons
des ministères. Ou bien nous demandons la guérison à des
moyens empiriques; nous avions le *scrutin de liste*, nous lui
avons préféré le *scrutin d'arrondissement*, pour revenir au
scrutin de liste.

Puis des médecins politiques, animés des meilleures in-
tentions, proposent, comme remède, la *représentation des
minorités*. Ailleurs, c'est le *referendum* qui doit être la
panacée.

Examinons ces modes d'exercice de la souveraineté.

L'arrondissement est une circonscription historique.
C'est en général l'ancien baillage, comme la commune est
l'ancienne paroisse. Il forme donc une sorte d'individualité
collective, dont la représentation aurait sa raison d'être,
s'il s'agissait d'une Assemblée devant représenter, non le
peuple, mais les groupes qui, eux aussi comme je l'ai
démontré plus haut, forment un élément constitutif de la
nation. Or, il n'est pas question de faire représenter l'arron-

dissement considéré comme individualité collective, mais le peuple ; et comme on ne pouvait pas songer à faire élire le député de Carpentras, par exemple, par tous les Français, on a vu dans l'arrondissement une circonscription toute tracée : On a décidé que les citoyens, électeurs dans l'arrondissement, éliraient au moins un député.

Le scrutin d'arrondissement a deux défauts : le premier, d'habituer cette circonscription à considérer son ou ses députés, comme la représentant plutôt que la France entière ; le second, de donner une Chambre beaucoup trop nombreuse.

Ces deux défauts sont solidaires.

Le premier est le résultat d'une tradition. Jusqu'à la loi du 25 février 1875, chaque arrondissement avait son député ; et jusqu'alors la France n'avait pas d'autre représentation. Sous la monarchie, les pairs, et sous l'empire les sénateurs, étaient nommés par le roi et par l'empereur. La Chambre des pairs, comme le Sénat, ne représentait rien ; elle n'avait qu'à contrôler les actes de la Chambre des députés. Comment dès lors faire accepter cette fiction que les Députés, qui étaient les seuls à l'élection desquels les électeurs de l'arrondissement prissent part, n'étaient pas leurs représentants ? Aujourd'hui que, par des délégués et à un autre titre, ils envoyent des hommes de leur choix siéger dans une autre Assemblée ; aujourd'hui que cette Assemblée a une autre origine que ses devancières, qu'elle représente quelque chose et autre chose que la Chambre, tout en partageant avec elle les attributions législatives, on commence à comprendre que ces deux Assemblées ont chacune son caractère. Que si le Sénat représente la France départementale, la Chambre représente la France populaire, et que les membres de celle-ci ne doivent plus être considérés comme les députés de l'arrondissement dans lequel ils ont été élus, mais les députés du peuple français.

C'est tout à la fois (du moins il faut le supposer) pour affirmer cette vérité et pour soustraire les élections à l'influence des intérêts de clocher, que le scrutin de liste a été inauguré.

Mais ici encore on s'est arrêté à mi-chemin, et on a persisté dans l'erreur qui a donné au scrutin d'arrondissement le second des défauts dont je parle plus haut. Car la seule différence qui existe entre le scrutin de liste tel qu'on le conçoit et le scrutin d'arrondissement, c'est que les députés, au lieu d'être élus seulement par les électeurs de l'arrondissement, le sont par les électeurs de tout le département.

Pour le démontrer, supposons une élection partielle; et que le lecteur me permette de lui raconter ce qui a eu lieu, à cette occasion, dans le département de la Marne, en 1873 :

Lors des élections d'avril 1871, le département de la Marne avait à envoyer à l'Assemblée nationale 6 représentants, qui devaient être élus au scrutin de liste. Des comités d'arrondissement se formèrent aussitôt, ainsi qu'un comité central. Chaque comité d'arrondissement choisit son candidat. Reims qui devait avoir deux députés, présenta MM. Jules Simon et Warnier; Épernay, M. Le Blond; Vitry-le-François, M. Flye Sainte-Marie; Sainte Menehould, M. Margaine, et Châlons, M. Perrier, qui furent tous élus.

Mais, l'Assemblée nationale ayant décidé qu'il y aurait désormais incompatibilité entre le mandat de député et les fonctions rétribuées, M. Flyr Sainte-Marie, qui était et préférait rester receveur des finances, donna sa démission. Le comité de Vitry présenta M. Picard.

De tous les points du département on écrivit à Vitry pour demander qui était ce M. Picard? Et le comité répondit : que vous importe! C'est notre député qu'il s'agit de remplacer; c'est à nous à choisir son successeur. Notre choix ne vous regarde pas, pourvu qu'il se porte sur un homme honorable. Cette réponse fut trouvée parfaitement correcte; personne ne protesta. Toutefois le comité de Vitry ajouta : M. Picard est un homme des plus distingués, c'est un enfant de notre ville, ancien élève de l'école normale et actuellement professeur de mathématiques à l'Académie de Poitiers. — Et M. Picard fut élu, en qualité de député de Vitry par les électeurs de tout le département. Et les choses se sont toujours passées ainsi dans toutes les élections qui ont eu lieu sous le régime du scrutin de liste ; et c'est ainsi que les choses se passeront encore, tant que le nombre des députés à élire sera fixé d'après un chiffre de population qui donne à ce mode électoral à peu près le même résultat qu'au scrutin d'arrondissement.

Du reste, qu'on lise les professions de foi des candidats, leurs discours dans les réunions électorales, de quoi est-il question ? Des intérêts généraux de la France ? Très peu. Mais, en revanche, ils annoncent que les intérêts locaux seront l'objet de toutes leurs préoccupations ; et, il faut rendre justice à nos députés, c'est de cela surtout qu'ils s'occupent, parce que c'est surtout le caractère de représentants de leurs arrondissements respectifs qui leur a été imprimé, et qu'à ce prix seul leur réélection est assurée.

D'où il faut conclure que ce mode de scrutin ne rémédiera pas au mal. Établi pour l'élection des députés, proportionnellement à la population des départements, mais en nombre tel, que chaque arrondissement puisse s'en attribuer au moins un, il n'a pas d'autre résultat, ainsi que je l'ai dit, que de faire élire les députés des arrondissements par tous les électeurs du département.

C'est à Genève qu'a pris naissance l'*Association réformiste pour la représentation des minorités*.

Il est tout naturel que cette idée soit venue à des Genevois, qui sont représentés dans leur Grand Conseil (Chambre des députés) par cent et quelques membres, pour une population d'environ cent vingt mille âmes, ce qui donne un député pour 1,200 âmes.

D'un autre côté, l'élection se fait au scrutin de liste dans trois collèges, ce qui exige des listes de trente et quelques noms.

Quant à la majorité politique, elle est fixée à Genève, comme dans toute la Suisse, à l'âge de vingt ans révolus.

Les réformateurs demandent que, dans ce Grand Conseil, où siègent un si grand nombre de membres, toutes les opinions soient représentées.

Il peut arriver, disent-ils (cela est arrivé), qu'un des deux grands partis qui se partagent l'opinion publique, réussisse à faire élire tous ses candidats, si bien que le parti adverse n'est pas représenté. Les vainqueurs peuvent-ils se considérer comme représentant le pays, quand il est possible qu'une voix une seule voix lui ait donné la victoire avec le quart des électeurs votants. Dans son intérêt même, la minorité doit avoir ses représentants, parce qu'elle est un contrepoids nécessaire. Mais, suivant les réformateurs, cela ne suffit pas : il faut que toute opinion, quand elle a pour partisan un certain nombre d'électeurs, puisse entrer avec l'un d'eux au Parlement. C'est de cette prétention qu'est né *quotient électoral*.

Le quotient électoral s'obtiendrait en divisant le nombre des électeurs votants par le nombre des députés à élire ; et il serait admis que, dès qu'un candidat aurait obtenu un nombre de voix égal au chiffre du quotient, il serait élu.

Cette arithmétique a paru un peu compliquée et on a objecté que l'application en serait difficile.

Alors ont été imaginés d'autres modes : *la liste restreinte*, chaque électeur ne pouvant écrire sur son bulletin qu'un certain nombre de noms ; la *liste cumulative*, laissant l'électeur libre d'écrire le nom du candidat qui lui convient, autant de fois qu'il peut mettre de noms sur son bulletin.

Ces combinaisons sont assurément fort ingénieuses, mais on peut douter qu'elles soient fondées en raison et en droit, et qu'elles soient un remède efficace.

D'abord, elles ne sont possibles qu'avec le scrutin de liste et par conséquent dans le cas seulement où il s'agit d'élire un certain nombre de députés. — C'est évident.

Ensuite on ne voit pas quel serait l'avantage du système.

On part de cette idée qu'un Corps législatif doit être la photographie du pays, et par conséquent renfermer toutes les opinions, du moins celles qui se recommandent par un nombre sérieux de partisans. Est-ce exact? Est-il vrai que, pour être rationel et fécond, le Corps législatif doive être une mosaïque. Il semble au contraire que ce soit là une erreur généreuse sans doute.

Le législateur a pour mission de faire des lois. Or en quoi cela consiste-t-il? Savigny a défini ainsi le rôle du législateur :

« Ce rôle est tout à la fois très important et très secondaire : très important parce que celui qui fait la loi doit parfaitement connaitre les besoins de son temps; très secondaire, parce qu'il ne fait que donner une valeur juridique à des rapports qui sont déjà dans les mœurs. »

Si c'est bien là la mission du législateur, il est appelé à exprimer l'opinion générale, à formuler le vœu du pays sur un point donné, tout en mettant d'accord l'objet de la loi nouvelle avec l'ensemble de la législation, et non pas à imposer à la nation une disposition législative qui n'est réclamée que par une infime minorité. Un Corps législatif bigarré, c'est-à-dire composé de groupes nombreux ayant chacun son système, son plan d'organisation sociale dans lequel il se renfermerait, serait peut-être la représentation matérielle du pays, mais ne serait certainement pas l'organe de sa pensée générale. Il serait dès lors incapable de faire la loi, c'est-à-dire de formuler l'*expression des rapports nécessaires qui dérivent de la nature des choses*, suivant la définition de Montesquieu. Quant aux nations qui ont adopté le système parlementaire, un Corps législatif ainsi composé rendrait tout gouvernement impossible, par son impuissance à fournir une majorité sérieuse. On le voit bien aujourd'hui en France, où la Chambre compte dans son sein une douzaine de groupes, qui réalisent l'idéal des réformateurs.

Je répéterai ici ce que j'ai dit déjà et ce que je serai contraint de dire encore : la question n'est pas de savoir si vous avez le droit de figurer dans le Parlement, parce que vous êtes un certain nombre qui partagez la même opinion. Mais la question est de savoir si le pays a intérêt, lui, à ce que la tribune du législateur soit mise à votre disposition ? N'avez vous pas d'autres moyens d'y arriver : la presse, la parole, les réunions publiques….. et la publicité que tout cela donne. Répandez votre idée, faites-la passer du domaine de la spéculation dans celui de la réalité, ralliez-lui l'opinion publique, devenez majorité dans la pensée générale du pays, et vous n'aurez pas besoin d'une réforme comme celle que vous prêchez, pour que vos représentants aillent prendre place dans les rangs des législateurs.

La représentation des minorités peut avoir la valeur d'une protestation contre l'exclusivisme de certains partis, mais il est douteux qu'elle soit appelée à corriger le vice de l'institution actuelle.

Le *referendum*, c'est le plébiscite. Il consiste en ceci : lorsqu'une loi a été votée par les Conseils de la nation, si un certain nombre de citoyens ou un certain nombre de groupes, législativement fixé d'avance, sont d'avis que cette loi est contraire à l'intérêt général, contraire à la volonté nationale, ils demandent à l'exécutif de soumettre au peuple la question de savoir s'il l'accepte ou s'il la refuse, et chaque citoyen électeur est appelé à répondre par *oui* et par *non*.

Le *referendum*, comme institution appelée à fonctionner souvent, peut être admis dans des pays de peu d'étendue, dont la Constitution est à l'abri de toute discussion, et dont la population est depuis longtemps habituée à là pratique de la liberté ; en Suisse par exemple. Et même y est-il fort discuté. Mais, en France, je doute qu'il trouve d'autres adeptes que les partisans du Césarisme.

Je ne répéterai pas tout ce qui a été dit de la valeur et de la portée de cette institution. Le problème est résolu.

Demander au peuple de répondre par *oui* ou par *non* à une question posée, c'est, on ne l'a que trop vu, faire amnistier les plus grands crimes et préparer les plus effroyables malheurs.

Mais les modes préconisés pour corriger les vices d'origine de la Chambre des députés ne sont que des procédés empiriques impuissants.

Où faut-il chercher la solution du problème?

SOLUTIONS

J'ai à répondre aux questions suivantes :

1° A quel âge la majorité politique doit-elle être fixée? Comment l'électeur doit-il voter? Quelles garanties doit-il offrir?

2° Quel doit être le chiffre de la population qui servira de base à l'élection des députés?

3° Combien de sénateurs chaque département doit-il élire?

4° Quelle doit-être la durée du mandat de sénateur et de celui de député?

5° Quelle doit-être la durée des fonctions du Président de la République?

6° De la fonction présidentielle. Quelles doivent être les attributions et la compétence du Sénat?

I

J'en ai dit assez pour faire comprendre qu'il n'y a aucun rapport entre la majorité civile et la majorité civique. Les actes civils n'engagent, ne concernent que celui qui les fait et ceux avec qui il traite. Cependant la sécurité des transactions intéresse la société, et on a reconnu la nécessité de fixer d'une manière uniforme un âge pour la capacité présumée des individus, en matière civile, au lieu de soumettre chaque personne à un examen, pour constater sa capacité effective, comme cela se faisait dans les premiers temps de Rome pour la puberté.

La vie civique se meut dans un tout autre domaine.

Une vérité, que l'histoire met en lumière, qui s'impose à la Démocratie et dont elle doit tenir compte à peine de tomber dans l'anarchie et de se détruire, c'est que, dans tous les temps, dans tous les pays, les sociétés humaines ont été conduites par les esprits réfléchis. Dans les cités antiques, le gouvernement de la chose publique appartenait aux *Patres*. En Germanie, les Anciens *(Seniores)* avaient l'autorité, et plus tard les intérêts de l'Arménie, transformée par la conquête, furent naturellement confiés à l'Assemblée des hommes libres.

D'un autre côté, j'ai démontré plus haut que, malgré l'apparence, il n'y a pas d'uniformité dans la fixation de la majorité civile. Or, il en est de même de la majorité civique.

Les constitutions des Républiques américaine, Suisse et Française ont commis une grave erreur, lorsqu'elles ont fixé la majorite politique à 20 et 21 ans, sous prétexte qu'à cet âge, le jeune citoyen est soumis à certaines obligations civiques. Cette idée est en contradiction avec l'esprit des législations de ces pays, qui n'admettent pas une telle assimilation. Ainsi, pour ne parler que de la France, un jeune homme de 21 ans est soumis au service militaire, mais il ne peut pas siéger comme juré dans les procès criminels. Il peut être appelé comme témoin d'actes de l'État Civil, de contrats de testaments...; mais, si le divorce par consentement mutuel avait été conservé dans la loi du 19 juillet 1884, il ne pourrait pas assister un des époux dans leur dernière comparution devant le président du tribunal (C. C. 286); il ne pourrait pas adopter (C. C. 343).

Par conséquent, le fait d'être soumis, à un certain âge, à certaines obligations, ne donne pas nécessairement l'exercice de tous les droits civiques et même de tous les droits civils.

Si le législateur a jugé qu'il n'y avait pas de rapport entre la soumission au service militaire et le droit d'être juré, à plus forte raison peut-on dire qu'il y en a encore moins entre la soumission au service militaire et le gouvernement de la République.

Parce qu'un jeune homme de 21 ans a la force de porter et de manier une arme et qu'en quelques mois il apprend sans peine les manœuvres militaires, le législateur n'a pas pensé qu'il fut prudent de lui conférer le droit de statuer sur le sort des accusés ; et par ce même motif on le jugerait capable de décider des difficiles et souvent redoutables questions qui intéressent le pays tout entier ? Est-il rien de plus illogique.

J'ai déjà fait remarquer combien tout est contradictoire dans notre législation politique. Si le service militaire est un titre au droit électoral, celui qui est sous les drapeaux devrait l'exercer, alors qu'on le suspendrait pour celui qui reste dans ses foyers. Or c'est le contraire qu'on a décidé. (Loi du 30 nov. 1875, art. 2).

La jeunesse a l'ardeur, la passion, l'enthousiasme, qualités fécondes, charmantes, que l'homme, hélas ! perd trop tôt. Mais ces qualités deviennent des défauts irrémédiables, appliquées à des objets qu'exigent la maturité de l'esprit. Par contre la sagesse, la prudence, une connaissance approfondie des conditions de vitalité de la société dont il est appelé à diriger les affaires, sont les qualités maîtresses de l'homme d'état. Assurément on ne peut pas les exiger de l'électeur, mais au moins faut-il qu'il soit à même de les apprécier chez les autres, et cela ne lui est pas possible, ou du moins la société ne trouvera pas en lui à ce sujet des garanties, avant qu'il ait atteint l'âge où l'ardeur, la passion, l'enthousiasme se sont calmées ou transformées sous l'empire de la réflexion et de l'expérience ; lorsque l'homme s'est déjà vu aux prises avec les difficultés de l'existence, lorsqu'il est arrivé à cette phase de la vie où d'ordinaire il a créé ou va créer une famille et se trouver en face de grands devoirs à remplir..... C'est alors que le citoyen peut être considéré comme offrant à la société des garanties qui lui permettent de lui confier l'exercice du droit de suffrage. La Constitution de 1791 l'avait fixé à 25 ans. L'âge de 30 ans est assurément préférable; celui de 40 ans vaudrait mieux.

Je ne parlerai pas des cas d'incapacité ou d'indignité personnelle. C'est à une loi particulière à les fixer.

Mais faire acte de souveraineté est un droit que le citoyen doit exercer lui-même. C'est à cette condition que la société peut accepter les garanties qu'elle exige de lui. Aussi doit-il écrire lui-même son bulletin de vote, ou du moins faut-il décider que les bulletins manuscrits seront seuls valables; et on doit prendre des mesures pour que l'électeur écrive en toute liberté et indépendance.

Je dis : en toute indépendance. C'est là surtout ce qu'il faut exiger. Est-il rien en effet de plus contradictoire, de plus illogique, j'ajoute de plus scandaleux, que l'usage des bulletins imprimés, que le sans-gêne avec lequel on abandonne une élection, c'est-à-dire l'accomplissement d'un grand devoir civique, qui devrait être entouré d'une imposante solennité, au hasard d'une distribution de papiers imprimés ou à l'habileté des distributeurs. Sous pretexte que l'électeur est libre d'accepter, de refuser, de modifier le papier qu'on lui présente, on en conclut qu'il vote en parfaite connaissance de cause. C'est possible, à condition toutefois qu'il sache lire, ce qu'on n'exige pas même.

Est-ce que le vote ne doit pas être un acte réfléchi, émanant de la personne même de l'électeur; et dès lors n'est-il pas vicié dans son essence, si on peut supposer, seulement soupçonner l'intervention d'une main étrangère. Un seul mot, quelques lettres d'une écriture autre que celle du testateur, rendent nul un testament olographe, qui n'est qu'un acte d'intérêt privé; et cet acte d'intérêt public, le suffrage politique, peut impunémennt subir une influence étrangère; l'instrument de cet acte peut être fabriqué par le premier venu, et il suffit que l'électeur le fasse sien en le déposant dans l'urne. — En vérité tout cela est réglé d'une façon enfantine et montre bien que nous sommes à la naissance de la Démocratie.

Et que penser de la liberté d'abstention laissée à l'électeur ?

Comment! C'est, dites-vous, un droit, et le plus important de tous, que le citoyen réclame énergiquement, qui ne peut pas lui être dénié; et, en même temps, vous méconnaissez son importance, en lui permettant d'y renoncer par pur caprice ? L'impossibilité de frapper d'une peine des millions d'électeurs pratiquant l'abstention est votre excuse; pauvre excuse qui, ainsi que je l'ai dit plus haut, est la condamnation de votre loi. Quand le corps électoral ne sera plus une foule, on pourra et on devra punir ceux qui ne remplissent pas les grands devoirs attachés à l'exercice de la souveraineté.

II

Quel doit-être le chiffre de la population qui servira de base à l'élection des députés ?

Mirabeau prétendait que les assemblées politiques devaient être très nombreuses. Le grand orateur de la Constituante exprimait cet avis au lendemain d'une révolution, dont il entrevoyait les incalculables conséquences; il prévoyait les périls dont elle allait être environnée et les résolutions souvent terribles qu'il y aurait à prendre.

On conçoit en effet que, dans un moment de crise, alors qu'un régime s'est effondré et qu'il s'agit d'édifier sur ses ruines un édifice nouveau, au lendemain d'un de ces évènements qui bouleversent une société, on ait intérêt à satisfaire les ambitions qui naissent tout à coup, à récompenser les dévouements, et à se donner les moyens de faire décider des mesures souvent très graves. On satisfait les ambitions, on récompense les dévouements en multipliant les députés; et, du même coup, quant aux résolutions à voter, on en diminue la responsabilité, parce qu'elle s'éparpille alors sur un très grand nombre de personnes et ne repose plus que sur ceux qui en ont été les promoteurs ou les défenseurs. On obtiendra certainement d'une Assemblée nombreuse ce qu'hésiterait peut-être à accorder une réunion dont les membres, au lieu de se considérer comme perdus dans la foule, sauraient que le public a les yeux fixés sur chacun d'eux; à moins que ce ne soient des hommes d'élite toujours prêts à répondre de leurs actes.

Aussi semble-t-il que le scrutin secret ne soit admissible que dans un corps très nombreux, à cause de cet éparpillement de la responsabilité. Détestable institution! Le scrutin secret est un refuge pour ceux qui n'ont pas le courage de leurs opinions; mais aussi il ne se conçoit plus dans une assemblée restreinte, parce qu'elle a les plus grandes chances de n'être composée que d'hommes d'élite, qui ne sauraient être soupçonnés de vouloir reculer devant la responsabilité de leurs actes.

Ce seul point de vue devrait faire admettre en principe que la Chambre doit être peu nombreuse. Mais il est d'autres motifs très puissants qui militent en faveur de cette solution.

Quand on n'est plus au lendemain d'une révolution, quand un peuple est en possession d'un ensemble d'institutions, dont le jeu régulier doit lui assurer une vie sociale paisible, et à l'abri desquelles il ne demande qu'à travailler dans l'ordre et dans la liberté, sauf à améliorer progressivement le régime qu'il s'est donné, l'idée de Mirabeau n'a plus de sens; il semble même que son application serait contraire à l'intérêt général et au but qu'on se propose.

Ce qu'il faut à un peuple dans ces conditions pour conduire ses affaires, ce sont des hommes capables et intègres, surtout des esprits réfléchis; parce que, sauf dans les moments de crise, les sociétés humaines, ainsi que je l'ai rappelé plus haut, sont conduites par les esprits réfléchis, et que c'est par ces mots qu'il faut remplacer ceux de Tiers-État dans la formule de Sieyès.

Un fait, qui est la justification de cette manière de voir, est celui-ci :

J'ai dit plus haut que la Constitution de 1791 avait fixé à 25 ans la majorité politique (tit. III, ch. I, sect. 2, art. 2). La Constitution de 1793 l'a ramenée à 21 ans (art. 4). On conçoit parfaitement ce changement en 1793, alors que la Convention avait à lutter d'un côté contre l'Europe coalisée, de l'autre contre les conspirations qui, à l'intérieur, risquaient de compromettre le sort de la Révolution et de livrer la France à l'étranger. Ce qu'il lui fallait, ce n'était pas à vrai dire des législateurs, mais des combattants. La Convention fut une assemblée de combat, qui dès lors devait faire appel aux passions ardentes, que l'on est plus certain de trouver dans l'imagination des jeunes gens que dans la maturité d'esprit des hommes faits. Ce qu'il fallait à cette situation terrible, c'était une assemblée nombreuse, élue sous l'empire de la passion révolutionnaire, du patriotisme affolé, de l'enthousiasme enfin.

Mais, aujourd'hui que les conquêtes de la Révolution sont assurées, grâce aux grands hommes qui en ont été les héros et les victimes, ce qu'il faut à la France, ce sont des gens d'affaires, instruits, honnêtes; et ce dont elle doit se garantir, c'est de ces politiciens, d'autant plus féconds en promesses qu'ils sont plus ignorants, et d'autant plus effrontés qu'ils ont plus de besoins.

S'il n'est pas toujours possible de s'assurer de l'intégrité d'un homme (d'ordinaire le passé répondra pour lui de l'avenir), sa capacité du moins se manifestera par ses paroles et par ses actes, surtout si, avant d'être candidat à la députation, il a rempli quelque fonction ou office public ou s'il a fait des travaux qui aient attiré sur lui l'attention. Or, comme le dit Bonjean à propos des magistrats *(Traité des Actions*, t. iv, p. 41, note 2) : « Pourquoi trouverait-t-on plusieurs milliers de bons jurisconsultes, plutôt que plusieurs milliers de bons mathématiciens, d'orateurs éloquents, de peintres et de statuaires habiles ? En toutes choses, les hommes forts sont rares. Multiplier le nombre des juges, c'est évidemment assurer la majorité aux moins capables. » Il faut répéter après l'illustre et infortuné président de la cour de cassation : Comment trouver huit ou neuf cents législateurs pour garnir les bancs des deux chambres. Où découvrir cinq ou six cents députés, quand le dessus du panier a été pris pour pourvoir le Sénat, parce qu'ici l'élection aura été faite par un corps électoral d'élite mieux à même d'apprécier la valeur de ses choix. Multiplier le nombre des députés, c'est évidemment assurer la majorité à la médiocrité.

L'Assemblée des *Représentants du Peuple* (qu'on réfléchisse à la grandeur de l'idée exprimée par ces trois mots) doit être grave, ses délibérations solennelles. Or, ce sont là des caractères qui manquent à la foule. Une assemblée nombreuse est une foule, capable par conséquent de ces mouvements d'opinion qui emportent inconsciemment les grandes réunions d'hommes, lorsqu'à un moment donné certaines passions les agitent. L'affolement (le mot a été prononcé en pleine tribune du Sénat à propos de la chute du ministère Ferry), est le propre de la foule. Les délibérations d'une assemblée peu nombreuse, composée d'hommes refléchis, ce que l'on obtiendra certainement du corps électoral dont j'ai indiqué plus haut les éléments, auraient la gravité, la solennité qu'exige l'importance des questions qui y seraient débattues.

Mais par contre une assemblée n'est pas un Conseil. Les questions qui y sont portées et qu'on y débat, sont d'une autre nature que celles sur lesquelles les membres peu nombreux d'un conseil sont appelés à délibérer. On ne conçoit pas un ministère composé de cinquante personnes ; et il serait absurde de faire représenter un grand pays par un conseil d'une dizaine de membres. Ce sont là des vérités qui s'imposent et passent dans les faits sans qu'on le veuille.

Ce qui a eu lieu lors de la chute du ministère Ferry prouve qu'une assemblée de 550 membres est une foule ; et, avec la nouvelle loi sur le scrutin de liste, cette foule atteint le chiffre de près de 600 députés pour 36,000,000 d'habitants.

Ainsi, au lieu de chercher à diminuer cette foule, on l'augmente. La démocratie américaine procède autrement.

En 1790 les États-Unis comptaient sur leur territoire 3,929,827 habitants ; et, la Constitution ayant décidé que le nombre des représentants ne devait pas excéder 1 par 30,000 habitants, la chambre fut composée de 130 députés. Si la même proportion avait été conservée, la population, qui est aujourd'hui de 50,000,000, fournirait près de 1650 représentants du peuple. Mais les Américains avaient prévu ce résultat et décidé d'avance que la proportion pourrait être modifiée de 10 ans en 10 ans. Depuis 1870, la Chambre compte dans son sein 292 membres, à raison de 1 par 130,000 habitants.

Si ces chiffres : 292 députés pour 50,000,0000 d'habitants devaient être pris en France pour base normale de l'élection des députés, notre Chambre serait composée de 213 membres. Or ce nombre est jugé plus que suffisant, non pour satisfaire les ambitions individuelles, mais pour faire les affaires de la France.

Il faut donc décider qu'il y aura un député par 250,000 habitants, chaque département en ayant au moins un à élire ; ce qui donnera pour la France envion 200 députés et 210 à 215 avec les représentants de l'Algérie et des colonies.

III

Par qui les sénateurs doivent-ils être élus et combien de sénateurs chaque département doit-il élire ?

J'ai expliqué plus haut pourquoi il ne pouvait être ici question ni de la population, ni de proportionnalité. Chaque département doit avoir le même nombre de représentants au Sénat.

Les fondateurs de la République des États-Unis ont décidé que, pour composer le Sénat, chaque état nommerait deux sénateurs. Il y avait alors 13 états, soit 26 sénateurs. C'était peu. Aujourd'hui la Confédération comprend 38 états, soit 76 sénateurs. C'est suffisant. La Suisse, où l'on compte 22 cantons, a adopté l'idée américaine, et a, par conséquent, un Conseil des états de 44 membres.

Le Sénat français est assurément beaucoup trop nombreux. Cela tient à la division de la France en 86 départements. Ces départements ont pris la place des anciennes provinces dans l'évolution historique de la France. Chacun d'eux est devenu une individualité collective, qui a sa raison d'être, puisque jamais aucune protestation ne s'est élevée contre cette division, et que les départements, succédant aux provinces, sont par cela même aux droits qu'auraient eus celles-ci, si elles avaient vécu.

On pourrait répondre que, puisque les départements sont les héritiers des provinces, ils n'ont pas plus de droits qu'elles n'en auraient, que ces droits se sont divisés entre les héritiers qui ne peuvent dès lors en exercer chacun qu'une fraction; que, pour diminuer le nombre des sénateurs; il suffirait d'appliquer ici cette règle du droit civil; et que, les circonscriptions de nos Cours d'appel étant à peu près celles de nos anciennes provinces, on pourrait faire élire dans chaque ressort deux sénateurs, ce qui nous donnerait un sénat de 54 à 56 sénateurs, y compris ceux qu'enverraient l'Algérie et les colonies.

Mais les problèmes de droit public ne peuvent pas se résoudre par les principes du droit civil.

Si les départements ont succédé aux provinces, ce n'est pas à titre d'héritiers, mais de remplaçants. Les règles du droit de succession n'ont rien à faire ici. Les départements ont remplacé les provinces, en vertu de cette nécessité sociale qui veut qu'une nation soit composée de deux éléments : un peuple et un ensemble de groupes. Le groupe province valait peut-être mieux que le groupe département.

On peut le regretter; on peut même douter qu'il y ait eu intérêt à le faire disparaitre; mais à ceux qui prétendraient aujourd'hui le ressusciter ou contester au département le droit d'être représenté dans les conseils de la nation en qualité d'individualité collective, il pourrait répondre, ici avec toute raison, qu'il a depuis près d'un siècle une possession ayant toujours réuni les conditions exigées pour être utile, qu'il peut joindre à cette possession celle du groupe province, dont il est le successeur, et que dehors il a prescrit le droit qu'on voudrait lui contester. La prescription est un principe de droit public autant que le droit privé, puisque c'est dans l'intérêt de la société et par mesure d'ordre public qu'elle a été introduite dans la législation (1).

Il faut donc accepter la division de la France en départements et décider que chaque département enverra au Sénat 2 représentants, soit 172 à 180 sénateurs.

Pourrait-on diminuer ces chiffres en réduisant à un seul sénateur la représentation d'un département? Non! Parce que, en cas de maladie, de mort ou de démission d'un membre du Sénat, un département ne serait plus représenté. La Constitution des États-Unis, qui fait élire les sénateurs par la législature des états, a même eu à ce sujet de tels scrupules, qu'elle a décidé qu'en cas de vacance d'un siège pendant l'intervalle entre les sessions de la législature de l'état, qui perd un représentant, le pouvoir exécutif de cet état ferait une nomination provisoire, jusqu'à ce que la législature puisse remplir le siège vacant.

En principe, le mode d'élection des sénateurs doit être

---

(1) Je n'ai pas cru devoir discuter l'opinion de ceux qui parlent de supprimer le Sénat. L'amendement Grévy pouvait être un expédient politique utile au moment où il a été présenté; mais ceux qui le proposent comme base d'une réforme à introduire dans notre Constitution politique, font preuve d'une bien grande ignorance ou d'une simplicité d'esprit plus grande encore.

abandonné au choix des départements, pourvu que le mode choisi ne soit pas celui employé pour l'élection de la Chambre. Mais nous sommes habitués en France à une uniformité de législation qui rendrait cette disposition difficilement acceptable. De plus, dans l'état de nos mœurs politiques, cette diversité pourrait présenter de graves inconvénients. Le mieux est de s'en tenir à la loi organique du 2 août 1875, qui a été accueillie avec reconnaissance et est exécutée avec zèle par la population si laborieuse, si patriote de la campagne. Jusqu'alors l'élément communal avait été méconnu par la législation politique. Aujourd'hui il est représenté dans les conseils de la nation.

IV

Quelle doit-être la durée du mandat du sénateur et de celui du député?

Non seulement la République démocratique des États-Unis s'est donné un sénat, mais elle lui a conféré des attributions, dont je parlerai plus bas, et qu'elle a refusées à la chambre des Représentants. Le sénat américain emprunte à ces attributions un caractère qui le distingue profondément de celui du Corps avec lequel il partage le Pouvoir législatif.

Les lois du 24 février et 30 novembre 1875 se sont-elles inspirées de la Constitution américaine? Toujours est-il qu'elles ont décidé que les sénateurs seraient élus pour neuf années et les députés pour quatre, que le Sénat serait renouvelable par tiers tous les trois ans, et la Chambre intégralement renouvelée tous les quatre ans.

En raison des attributions qui devront être données au Sénat, il est essentiel non seulement que le mandat de ses membres ait une durée un peu prolongée, mais qu'il soit lui-même perpétuel. Aussi les dispositions de la loi du 24 février 1875 doivent-elles être conservées.

Au contraire, la durée du mandat de député doit être aussi courte que possible, parce qu'il est bon que le peuple manifeste souvent son opinion, surtout pour éclairer le Sénat, appelé, comme nous le verrons, à surveiller la marche de la machine politique. Aussi les américains ont-ils pensé que la Chambre doit être intégralement renouvelée tous les deux ans.

Avec la majorité politique fixée à 21 ans et la liberté d'abstention, des élections trop fréquentes épuisent promptement le zèle des électeurs, qui finissent par déserter le scrutin. Avec la majorité politique fixée à 30 ou 40 ans et la punition de l'abstention devenue possible, la loi sera exécutée. Mais, d'un autre côté, un peuple ne change pas de manière de voir si souvent et si brusquement qu'une période de deux années doive paraître trop longue. Elle a été adoptée ailleurs, à Genève par exemple, où elle ne donne lieu à aucune réclamation.

Ainsi, le mandat de député doit durer deux années et la Chambre être intégralement renouvelée à chaque période de deux années. Quant aux sénateurs, ils seront, comme aujourd'hui, élus pour neuf ans, et le Sénat renouvelé par tiers tous les trois ans.

V

Quelle doit-être la durée des fonctions du Président de la République ?

La brièveté des fonctions est un principe généralement admis dans les Républiques.

A Rome, jusqu'à l'Empire, les fonctions ont été annuelles, sauf de très rares exceptions. Le Sénat lui-même, qui était l'âme de la Patrie et l'arbitre de ses destinées, devait recevoir une nouvelle consécration des Censeurs, à l'époque de la lustration, tous les cinq ans.

Les Américains et les Suisses ont, à leur tour, judicieusement décidé que l'immobilisation des fonctions est un danger qu'il faut éviter à tout prix. En Amérique, le Président, et en Suisse, le Conseil fédéral, sont élus pour quatre ans ; mais en Suisse, le Président de la Confédération est pris chaque année parmi les conseillers fédéraux et n'est pas immédiatement rééligible. Je ne sais même pas si on pourrait citer un conseiller fédéral élu deux fois Président.

En France, le Président de la République est élu pour sept ans et est rééligible (Loi du 25 février 1875, art. 2) ; si bien que la même personne peut être Chef de l'Exécutif pendant 14, 21, 28 ans. C'est une monarchie élective. Est-ce là ce qu'a voulu l'Assemblée nationale ? A-t-elle à dessein dénaturé l'institution, pour continuer autant qu'elle le pouvait la tradition monarchique ? Elle avait sous les yeux l'exemple des États-Unis et celui de la Suisse, elle ne l'a pas suivi, mais elle avait sous la main la centralisation administrative, qui pouvait donner à un Président de République l'aspect d'un monarque, à un simple fauteuil l'apparence d'un trône ; a-t-elle voulu faire de la République la caricature de la Monarchie. Il ne m'appartient pas de répondre à ces questions. Mais il me suffit qu'elles puissent être posées, pour que sa combinaison savante soit mis en suspicion et pour repousser cette période de sept années avec faculté de réélections successives.

Si la fonction de Président de la République ne doit pas avoir une durée trop longue, surtout en France, où nous avons à rompre avec les habitudes monarchiques invétérées, elle ne doit pas non plus cesser après un trop court laps de temps, parce que celui qui en est revêtu doit pouvoir, ainsi que nous le verrons, suivre avec le Sénat des affaires à échéance un peu longue. L'intérêt de l'État l'exige.

Pour satisfaire à ces deux conditions, la période de quatre ans, adoptée par les Suisses et par les Américains, serait suffisante.

Mais, bien entendu, la même personne ne doit pas être immédiatement rééligible.

VI

De la fonction présidentielle. Quelles doivent être les attributions et la compétence du Sénat ?

Le Président de la République est chef de l'Exécutif. Ces mots définissent suffisamment sa fonction.

Mais les Américains, appliquant rigoureusement le principe de la séparation des pouvoirs, n'ont pas cru devoir lui donner entrée dans le Parlement, et surtout avec voix délibérative. Or c'est le contraire qu'a fait notre loi constitutionnelle sur les rapports des pouvoirs publics du 16 juillet 1875.

Il est vrai que, par son article 6, elle dispose que le Président ne peut pas lui-même se rendre dans le sein du Parlement, mais elle ajoute immédiatement que les *ministres ont leur entrée dans les deux Chambres* ; et ils ont continué, comme par le passé, à prendre part aux discussions des lois et voter, soit à la Chambre, soit au Sénat, suivant qu'ils sont députés ou sénateurs ; si bien qu'une loi a pu être considérée comme adoptée, quand elle avait obtenu une majorité de 8 ou 10 voix, les ministres et les sous-secrétaires d'État votant dans leur propre cause.

L'art. 6 de la loi du 16 juillet est un mensonge, puisque, bien qu'il dise le contraire, l'exécutif communique avec le Parlement autrement que par des Messages. C'est de plus la confusion du Législatif et de l'Exécutif, c'est-à-dire un état franchement anarchique.

Il est vrai qu'en Suisse il en est ainsi. C'est, à mon humble avis, un des vices de l'organisation politique et législative de ce pays.

En Amérique, l'Exécutif et le Législatif sont rigoureusement séparés. Le Président ne communique avec le Parlement que par des Messages, et ses ministres non seulement n'ont pas entrée dans les Chambres, non seulement ils n'y vont pas discuter et voter, mais ils ne peuvent être ni députés ni sénateurs. Il y a donc, sous ce rapport, séparation complète de l'Exécutif et du Législatif.

La Démocratie républicaine doit, plus que tout autre régime, avoir sans cesse les regards fixés sur les leçons de l'histoire, parce qu'elle est plus exposée aux excès, aux résolutions extrêmes, aux pièges que peuvent lui tendre l'ambition et l'utopie. M. Thiers lui a donné sa devise en ces mots :

La République sera conservatrice ou elle ne sera pas.

Être conservateur, c'est surtout respecter les traditions qui ne sont autre chose que la coutume, c'est-à-dire la loi qu'on ne viole jamais impunément.

Deux essais de Démocratie césarienne ont été faits de notre temps : Le premier par un grand homme de guerre, le second par un illuminé, qui tous deux, imbus de la philosophie du xviiie siècle, croyaient qu'il leur suffisait de vouloir et espéraient restaurer à leur profit, l'un l'empire de Charlemagne, l'autre les splendeurs de la cour de Bysance.

Une tentative de Démocratie républicaine a eu lieu en 1848, évoquant en pleine paix les souvenirs de la tempête de 1792, ou rêvant d'appliquer à la France le régime inauguré au Paraguay, par les Jésuites.

Des deux côtés, la même faute a été commise. Ces tentatives ont échoué parce qu'elles n'étaient pas conservatrices, parce qu'elles dédaignaient les leçons de l'histoire.

Or, si l'on jette les yeux sur le passé et si l'on étudie l'organisation des Républiques dans l'antiquité et dans les temps modernes, on voit que celles qui ont vécu, qui ont longtemps prospéré, ont dû ces succès à un corps d'élite, permanent, perpétuel en ce qu'il ne se renouvelle jamais intégralement mais se perpétue par un recrutement continu, conservant ainsi les traditions nationales, mais aussi revêtu d'une autorité suffisante pour contenir les ambitions et servir de barrière aux résolutions prématurées ou aux restaurations dangereuses.

C'est au Sénat romain que la République romaine a dû sa puissance. C'est le Conseil des Dix qui a fait survivre Venise aux Républiques italiennes, tombant toutes, après une période d'anarchie, sous le despotisme d'un César d'aventure. C'est la Chambre des lords, véritable Sénat d'une République oligarchique qui a fait l'Angleterre. C'est le Sénat américain qui donne à la Confédération cette unité, cette cohésion, cette fixité de vues, cette force, en un mot ces qualités essentielles auxquelles elle doit le rôle important qu'elle joue dans le monde.

Ah! les fondateurs de la Démocratie américaine ne s'y sont pas trompés. Ils ont parfaitement vu que, dans toute nation, les deux éléments qui la constituent, ont chacun son rôle, parce qu'ils ont eu chacun son développement historique; que si rien ne doit se faire contre la volonté de l'élément du peuple ou sans sa ratification, la direction doit appartenir au Sénat, qui est l'âme de l'union des États, Comtés, Départements, Provinces... L'union des individualités collectives est en effet l'élément fondamental, parce qu'il est l'élément historique, parce que ces individualités ont existé avant le peuple et que sans leur uion il n'y aurait pas de peuple. Aussi tout en faisant du Sénat une des branches du pouvoir législatif, les américains lui ont-ils donné des attributions qui lui font une large part non dans l'administration, mais dans la direction générale de la chose publique.

La Suisse n'a pas tenu compte de cette distinction.

Les députés au Conseil des États sont élus par le Grand Conseil (Chambre des députés) de chaque canton, sauf dans ceux qui pratiquent encore la Démocratie directe, où c'est la *Landsgemeinde* qui les désigne. Dans la plupart des cantons, le député aux États est nommé pour un an. Dans quelques-uns le mandat dure deux ans, même trois ans. Mais ces différences proviennent de l'autonomie des groupes laissés libres d'adopter le mode qui leur convient le mieux ; elles ne sont pas le résultat d'un calcul. On n'a pas tenu à donner à ce Conseil un caractère de permanence et de perpétuité. Aussi n'est-il qu'une des branches du pouvoir législatif ; il n'a pas d'attributions qui fassent de lui le conservateur spécial de l'Union. Il n'est pas organisé pour durer, il n'est pas permanent. C'est une Assemblée comme le Conseil national dont il n'est distingué que par son origine. C'est là certainement un vice de la Constitution de ce pays. L'union des cantons suisses a pu résister à l'épreuve du *Suderbund*, parce que la question qui avait provoqué le soulèvement était, en réalité, de médiocre importance. Serait-elle aussi heureuse, s'il s'agissait d'un excès commis par une majorité dans une question économique ? Espérons que le cas ne se présentera pas.

J'ai démontré qu'il faut à un État une très forte centralisation politique, en même temps qu'une très large décentralisation administrative. La France a d'autant plus besoin de centralisation politique que l'unité nationale est chez elle un fait historique des plus importants. Il ne suffit pas de déclarer la République une et indivisible, parce que la France a historiquement ces deux caractères, il faut qu'elle le soit en réalité. Or, ce ne sont pas des paroles, mais des institutions qui conserveront cette unité. Quand la Suisse dit : *Un pour tous, tous pour un,* que dit-elle ? Rien ! C'est une fort belle devise, mais ce n'est qu'une devise. Une idée n'est qu'une idée tant qu'elle ne quitte pas le domaine de l'abstraction pour passer dans celui de la réalité en se personnifiant dans un homme ou dans un Corps. L'unité française a été jusqu'ici personnifiée dans le Roi ou le César. Il n'y a plus de Roi, il n'y a plus de César. Quel est le pouvoir qui les remplacera ?

Serait-ce l'Exécutif ? Non ! Celui qui est élu Président n'est appelé à remplir cette fonction que temporairement. Il est de plus, nécessairement l'homme d'un parti politique, c'est-à-dire de ce qu'il y a de plus fugitif, de moins stable, la nation pouvant à chaque élection enlever la majorité au parti auquel elle l'avait précédemment donné. Le Président, d'ailleurs, est élu en Amérique, par l'élément du peuple, et ne saurait dès lors être considéré comme représentant, comme personnifiant l'union des groupes qui constitue l'unité nationale. En France, il est élu par le Sénat et la Chambre réunis en Congrès ; l'élément peuple entre là pour une large part. En tout cas le Congrès ne délègue pas au Président l'*Imperium*.

La Chambre peut-elle avoir la prétention de personnifier l'unité nationale ? Pas davantage. Elle représente l'élément peuple réparti dans les groupes dont l'union lui a donné naissance, et par conséquent on ne rencontre pas en elle le lien sans lequel l'unité est impossible.

Le Sénat seul est la personnification de l'unité nationale. Il en est l'âme, et, à ce titre il doit en surveiller l'existence et la maintenir. C'est, à côté de sa part de pouvoir législatif, sa mission. Et c'est pour cela qu'il doit être permanent et perpétuel.

C'est ainsi que les Américains ont conçu le Sénat. La Démocratie française doit faire de même, non pour imiter la Démocratie américaine. De ce qu'une institution convient à un peuple, ce n'est pas une raison pour qu'un autre doive l'adopter ; je l'ai démontré plus haut à propos du système parlementaire. Mais j'ai démontré aussi qne le Sénat a, dans l'État, par sa nature même, une mission spéciale ; et dès lors, sans copier servilement la Constitution des États-Unis, la République française doit l'approprier à sa fonction.

Il doit être surtout le surveillant, comme le conseil judiciaire de l'Exécutif, pour tous les actes par lesquels celui-ci pourrait abuser du pouvoir qui lui est donné.

Ainsi, il serait interdit au Président de faire ancun traité sans l'assentiment du Sénat, et, pour plus de garantie, on pourrait décider qu'un traité n'aurait de valeur qu'autant qu'il aurait été approuvé par les deux tiers des sénateurs.

Le Président de la République est chargé de la promulgation des lois ; il doit veiller à leur exécution. Comme il dispose de la force publique, il a pour devoir de maintenir l'ordre et de faire respecter les autorités agissant dans les limites de leur compétence... qu'il fasse par lui-même ou par ses agents les actes d'administration qui rentrent dans ses attributions... C'est son droit. C'est son devoir. Pour cela il a pleine liberté et indépendance.

Mais il est des actes dont il n'est pas prudent de lui laisser, à lui seul, la responsabilité.

Ainsi la nomination des ministres, ambassadeurs, consuls, préfets, sous-préfets, procureurs généraux..., celles des hauts fonctionnaires, directeurs généraux, inspecteurs généraux..., celles des conseillers d'État..., tous fonctionnaires qui, en général, aujourd'hui sont nommés par décret rendu en conseil des ministres, ces nominations devraient être faites par le Président de la République, mais être agréées par le Sénat. Si le Président pouvait les faire seul et sans contrôle, il aurait là un moyen trop facile de restaurer en partie le pouvoir personnel et de compromettre la bonne marche de la République. Ce danger n'est pas à craindre avec un Président dont la sagesse consisterait à ne rien faire. Mais il en serait autrement avec un Chef de l'Exécutif ardent et ambitieux.

Il ne faut pas perdre de vue que la première conséquence de la réforme serait la fin du système parlementaire. Les ministres, n'ayant plus entrée dans le Parlement, ne pouvant être ni députés ni sénateurs, ne seraient plus soumis aux fluctuations de la politique courante. Ce seraient des administrateurs dont les fonctions auraient la durée de celle du Président. Mais ils devraient être agréés par le Sénat, en raison de leur importance. Dès lors, plus de ces questions de cabinet, qui excitent sans cesse les ambitions personnelles, allument des foyers d'intrigues, entretiennent les rivalités et sont une cause perpétuelle d'agitation stérile et d'instabilité. Que des commissaires du gouvernement, pris dans le conseil d'État, soient chargés de discuter les projets de loi devant les Chambres, cela suffirait.

Il en est de même d'autres actes de la compétence de l'Exécutif, mais qui ne sont pas purement des actes d'exécution, et peuvent intéresser l'État, comme par exemple les règlements d'administration publique... Le Sénat devrait également intervenir.

....

Cette surveillance exercée par le Sénat peut-elle mériter le reproche de causer la confusion de deux pouvoirs ? Oui ! si le Sénat avait à prendre des décisions à propos d'actes d'exécution qui sont exclusivement de la compétence du Président. Non ! s'il s'agit simplement d'un contrôle. Or, c'est bien un contrôle, un simple contrôle que l'*auctoritas* donnée au Sénat. Il n'a aucune initiative à prendre. Le Président est obligé de lui soumettre certains actes qu'il se propose de faire, qui ne sont pas des actes de pure exécution, qui peuvent être strictement déterminés, et qu'il approuve ou refuse d'approuver.

Lorsque l'Exécutif, par exemple, nomme les magistrats de l'ordre judiciaire, il y a nécessairement confusion de deux pouvoirs, puisque, malgré l'inamovibilité, l'Exécutif a les magistrats sous sa dépendance. Lorsque le roi nommait les pairs, il y avait également confusion, parce que le roi pouvait toujours, au moyen de ce qu'on appelait une fournée, modifier une des branches du Législatif. Ici, rien de semblable. L'Exécutif conserve son caractère et ses attributions essentielles ; seulement, pour certains actes, il est obligé d'obtenir l'approbation du Sénat.

Je n'ai pas à élaborer une Constitution. Il suffit d'en poser les bases et d'indiquer quelques points principaux qui indiquent dans quel esprit elle doit être conçue.

DERNIER MOT

J'ai fait la critique de notre organisation politique. Je crois avoir démontré qu'il serait dangereux de la conserver longtemps encore, qu'il faut se hâter de porter remède aux maux dont nous souffrons.

Le lecteur a pu apprécier la valeur des moyens proposés pour nous guérir. Impuissance !

Enfin, j'ai donné des solultions qui, tout en tenant compte de la tradition, me paraissent conformes aux aspirations de la Démocratie.

Si nous voulons que la République vive, et il me paraît bien difficile de lui substituer un autre régime qui ait quelque chance de durée, donnons-lui cette stabilité, sans laquelle il ne saurait y avoir de sécurité pour les intérêts.

PLUS DE SYSTÈME PARLEMENTAIRE.

LA MAJORITÉ POLITIQUE FIXÉE A 30 OU 40 ANS.

LA DÉCENTRALISATION ADMINISTRATIVE GRADUELLEMENT RÉALISÉE ET COMMENCÉE PAR L'ÉTABLISSEMENT DE COMMISSIONS PERMANENTES A TOUS LES DEGRÉS DE LA HIÉRARCHIE.

TRÈS FORTE CENTRALISATION POLITIQUE, MAIS GARANTIE CONTRE LES ABUS DE L'EXÉCUTIF PAR LA SURVEILLANCE EFFECTIVE DU SÉNAT RENDU PERMANENT ET DES COMMISSIONS PERMANENTES.

Dans ces conditions, la République sera conservatrice et à même de réaliser tous les progrès.

Louis JOUSSERANDOT

Professeur de Droit à l'Université de Genève.

P.-S. — Il y avait au xvᵉ siècle en Allemagne un Empereur, Charles IV, à qui les historiographes de la Cour de France ont fait la réputation d'un prince insignifiant, lui reprochant surtout sa faiblesse vis-à-vis des grands feudataires.

Était-il aussi faible, aussi simple qu'on l'a dit? J'en doute.

Il s'était assis comme étudiant sur les bancs de l'université de Paris, et il avait étudié à Genève. Il avait pour amis deux grands hommes : le jurisconsulte Barthole et Pétrarque qu'il fit Comte Palatin. Quand on a à son actif de telles amitiés, on n'est pas le premier venu.

Lorsqu'il eût placé sur sa tête la couronne impériale, il voulut revoir cette université de Paris, où il avait passé quelques belles années de sa jeunesse et qui lui inspira sans doute le projet de fonder l'université de Prague, organisée par lui dans des conditions spéciales auxquelles elle dut son prodigieux succès; il voulut aussi revoir Genève qui n'était alors qu'une petite bourgade de bien peu d'importance, mais animée déjà de cet esprit indépendant, frondeur, qui lui plaisait. Ce n'est pas là le fait d'un homme insignifiant.

L'anarchie régnait en Allemagne, pendant qu'en Angleterre la féodalité était organisée sous l'influence et au profit des grands vassaux, imposant la Grande-Charte à Jean-Sans-Terre, et qu'en France les rois la battaient en brèche pour élever sur ses ruines le pouvoir absolu.

Charles IV constatait l'impuissance de ses prédécesseurs à doter l'Allemagne d'un régime régulier; leurs efforts s'étaient brisés contre l'esprit d'intrigue, l'ambition, les passions violentes des princes allemands. Il vit qu'on ne pourrait jamais les dompter, comme faisaient les rois de France depuis Philippe-Auguste, et d'un autre côté, il n'entendait pas se laisser amoindrir comme Jean-Sans-Terre. Dans cette situation, il prit le seul parti auquel un homme d'esprit et de bon sens devait s'arrêter :

Ne pouvant pas détruire la féodalité, il résolut de l'organiser; et il fut secondé dans cette tâche par son ami Barthole, qu'il chargea de la rédaction de la Bulle d'Or.

Cette charte fut promulguée à la Diète de Nuremberg en 1356, un an après la mort de son rédacteur, qui n'a pas eu la satisfaction d'assister au succès de son œuvre (Barthole est mort en 1355); et elle a été jusqu'en 1806, c'est-à-dire pendant quatre siècles et demi, la base du droit public de l'Allemagne.

Ce qui prouve que Charles IV n'était pas aussi insignifiant qu'on se plaisait à le dire à la cour de France.

Je supplie mes concitoyens de tous les partis et de toutes les conditions de faire trêve un instant à leurs querelles pour méditer cette page d'histoire.

L'avènement de la Démocratie est un fait qu'il est impossible de nier. On ne peut pas faire qu'il ne soit pas. La Démocratie à son début devait être et est restée jusqu'ici à l'état sauvage. Il faut qu'elle s'organise. Or ce qu'il est indispensable qu'elle se donne avant tout, c'est une Constitution fondée sur ses propres principes, parce que, sans un instrument politique, elle ne pourrait pas vivre extérieurement d'une vie normale, régulière, et intérieurement modifier incessamment, progressivement, les conditions de sa vie sociale, au fur et à mesure que des rapports nouveaux poseront devant elle de nouveaux problèmes à résoudre.

Mais, quelque soit le régime qu'elle adopte, si la Démocratie ne régularise pas le suffrage universel, si elle conserve le système parlementaire et la centralisation administrative, qu'elle se persuade bien qu'elle continuera à s'épuiser dans l'anarchie. Avec la Démocratie, les affaires sont trop multiples, trop complexes, pour que les responsabilités administratives et économiques ne soient pas écrasantes. Les rechercher ou seulement les accepter est folie; les diviser est sagesse.

L'exemple d'un empereur du moyen âge n'est peut-être pas à dédaigner.

Puisse l'organisation que la Démocratie se donnera en France vivre aussi longtemps qu'a vécu la Bulle d'Or en Allemagne.

L. J.

TABLE

	Pages
Suffrage universel	5
Système parlementaire	21
Centralisation	30
Politique	30
Administrative	32
Économique	49
Remèdes proposés	53
Scrutin d'arrondissement et scrutin de liste	53
Représentation des minorités	56
Referendum	59
Solutions	60
De la majorité politique	60
Quel doit être le chiffre de population qui servira de base à l'élection des députés ?	64
Par qui les sénateurs doivent-ils être élus et combien de sénateurs chaque département doit-il élire ?	68
Quelle doit-être la durée du mandat du sénateur et de celui du député ?	71
Quelle doit-être la durée des fonctions du Président de la République ?	72
De la fonction présidentielle. Quelles doivent être les attributions et la compétence du Sénat ?	74
Dernier mot	81

ANGERS, A. DEDOUVRES, IMP. DE LA COUR D'APPEL, RUE DU CORNET, 34

OUVRAGES DU MÊME AUTEUR

Du Pouvoir judiciaire et de son organisation en France, 1 vol. in-8................ .... **3**ᶠ »
L'Édit perpétuel, 2 vol. in-8..................... **20** »

La Réforme Judiciaire

RECUEIL HISTORIQUE ET CRITIQUE
DE LA LÉGISLATION ET DES INSTITUTIONS JUDICIAIRES

Publiée sous la Direction de M. Victor JEANVROT
CONSEILLER A LA COUR D'APPEL D'ANGERS

La *Revue de la Réforme judiciaire* a pour but de provoquer en France, un mouvement de réforme judiciaire et législative dans le sens libéral et démocratique. L'accueil sympathique qu'elle a rencontré dès son apparition, est la meilleure preuve de son opportunité.

La *Revue de la Réforme judiciaire* a réussi, par la solidité et la variété de ses travaux, l'abondance de ses informations et l'indépendance de sa rédaction, à se faire apprécier du monde judiciaire, non seulement en France, mais aussi à l'étranger où elle compte un nombre notable d'abonnés.

Chaque numéro de la *Revue* contient :

Des articles de Doctrine et de Critique. — Des Notes et Documents sur le mouvement juridique et législatif et les questions d'actualité. — Le texte des lois nouvelles importantes. — Un compte-rendu analytique et critique des ouvrages nouveaux. — L'Analyse des publications périodiques de France et de l'étranger. — L'indication des livres nouveaux parus en France et à l'étranger.

9 782011 784452